Alfred Francis Pribam

Geschichte des Rheinbundes von 1658

Alfred Francis Pribam

Geschichte des Rheinbundes von 1658

ISBN/EAN: 9783743340718

Hergestellt in Europa, USA, Kanada, Australien, Japan

Cover: Foto ©ninafisch / pixelio.de

Manufactured and distributed by brebook publishing software (www.brebook.com)

Alfred Francis Pribam

Geschichte des Rheinbundes von 1658

BEITRAG

ZUR

GESCHICHTE DES RHEINBUNDES

VON 1658.

VON

DR. ALFRED FRANCIS PRIBRAM,

DOCENT AN DER K. K. UNIVERSITÄT IN WIEN.

WIEN, 1888.

IN COMMISSION BEI F. TEMPSKY

BUCHHÄNDLER DER KAIS. AKADEMIE DER WISSENSCHAFTEN.

Zu den wichtigsten, zugleich aber auch verwickeltesten Fragen der deutschen Geschichte des 17. Jahrhundertes zählt die nach der Entstehung des Rheinbundes von 1658. Dieselbe hat vor kurzem, nachdem schon Droysen vor mehr als einem Vierteljahrhundert auf die Nothwendigkeit einer specielleren Behandlung dieser Episode deutscher Geschichte hingewiesen, eine eingehende Erörterung gefunden. Eine genaue Durchforschung mehrerer deutschen Archive hat den Verfasser des betreffenden Buches, Dr. Erich Joachim, in den Stand gesetzt, eine auf durchaus gründlichen Untersuchungen basirende Darstellung der Entwickelung dieses für die Kenntniss der deutschen und auch der europäischen Verhältnisse so wichtigen Bündnisses zu geben.

Wenn ich nun trotzdem mich entschlossen habe, denselben Gegenstand nochmals einer Erörterung zu unterziehen, so glaube ich dies dadurch rechtfertigen zu können, dass mir im Laufe der Jahre bei meinen Studien für eine Geschichte Kaiser Leopold I. eine Reihe von Documenten in die Hände gerathen sind, welche es mir, wie ich denke, ermöglichen, eine nicht unwesentliche Bereicherung der von Joachim gewonnenen Resultate zu bieten. So ist es mir unter Anderen nicht nur geglückt, den grössten Theil der Protocolle über die von den alliirten Kurfürsten und Fürsten gehaltenen Conferenzen, welche Joachim in allen deutschen Archiven vergebens suchte, in den Mainzer Beständen des Wiener Archives aufzufinden, sondern ich glaube, auf die reichen Schätze der

Wiener und Pariser Archive gestützt, die Stellung, welche die Generalstaaten, Frankreich und der Kaiser zur Allianz und den Alliirten einnahmen, in vielen Stücken sicherer bezeichnen zu können, als dies Joachim möglich war. Und nur in diesem Sinne einer Ergänzung der von Joachim gewonnenen Resultate ist der folgende Aufsatz geschrieben, bei dessen Abfassung ich mich der überaus liebenswürdigen Unterstützung seitens der Herren Archivvorstände und Beamten, insbesondere Sr. Excellenz Geheimrath von Arneth, Hofrath von Fiedler, Archivar Dr. Winter in Wien, sowie der Herren Girard de Rialle, Farges und Chévrier in Paris mit Dankbarkeit erinnere.

I.

Jeder, dem die inneren Verhältnisse des deutschen Reiches am Ende des dreissigjährigen Krieges gegenwärtig sind, wird zugestehen, dass es demselben überaus schwer werden musste, seine Selbständigkeit und sein Ansehen den übrigen europäischen Grossmächten gegenüber zu behaupten. Denn während Franzosen, Engländer und Spanier von dem Bewusstsein erfüllt waren in erster Linie Franzosen, Engländer oder Spanier zu sein und in Stunden grosser Gefahr den Fremden gegenüber geschlossen auftraten, so breit auch die Kluft sein mochte, welche die einzelnen Parteien schied, war der Deutsche des Deutschen grösster Feind. Religiöse und politische Verhältnisse trugen gleichmässig dazu bei. Trennte die Religion Katholiken und Protestanten, so entzweite die Politik auch die Anhänger derselben Religion. Wenn der Brandenburger und Sachse in dem Baiern und Oesterreicher die Feinde seines Glaubens erblickte, so sah der Brandenburger in dem Sachsen und dieser in jenem, den gefährlichen Nebenbuhler im Kampfe um die Suprematie unter den Glaubensgenossen. Und wenn den Kurfürsten gemeinsames Vorgehen gegen die aufstrebende Macht der Fürstenhäuser Noth that, so hemmte auch hier nicht nur das in der Natur begründete verschiedenartige Interesse der geistlichen und weltlichen, sondern in viel höherem Maasse noch das gesonderte Interesse der einzelnen weltlichen Kurfürsten jedes gemeinsame Vorgehen. Gerade diese Unsicherheit der Verhältnisse, diese Verschiedenheit der Interessen war es nun aber, welche das Streben der nach Erweiterung ihres Besitzes und Einflusses ringenden ausserdeutschen Mächte so wesentlich begünstigte. Frankreich durfte mit Bestimmtheit darauf hoffen, an den katholischen, geistlichen Kurfürsten Verbündete im Kampfe gegen die protestantischen Fürsten Deutschlands zu finden, und nicht weniger konnte es bei allen Kämpfen gegen die Macht des regierenden deutschen katholischen Kaisers auf die Unterstützung einer grossen Anzahl protestantischer Fürstenhäuser rechnen. Und die gleichen Verhältnisse waren es, welche Schweden, England, den Staaten und allen anderen Nationen Eingriffe in die deutschen Verhältnisse erleichterten und ihnen die Möglichkeit boten, jedes gemeinsame Vorgehen des geeinigt so mächtigen deutschen Volkes zu hintertreiben. Allein auch zu einer anderen Schlussfolgerung führt die Erkenntniss, dass in Deutschland noch in höherem Grade als in anderen Staaten die allgemeinen Entschliessungen von einer Reihe persönlicher Interessen abhiengen. Man wird unwillkürlich aufmerksam darauf, wie nothwendig es ist, diese persönlichen Verhältnisse hinter den allgemeinen Ideen, welche die Entscheidung scheinbar in erster Linie bestimmten, nicht unberücksichtigt zu lassen. Und kein besseres Beispiel dieser Interessenverschiedenheit und ihrer Folgen könnte es geben, als den Rheinbund von 1658.

Es waren ganz reale Gesichtspunkte, von denen die drei mächtigsten Glieder des kurrheinischen Kreises ausgiengen, als sie sich am 21. März 1651 zur Unterzeichnung eines Recesses entschlossen, den man nach den neuesten Forschungen mit Recht als den Keim des Rheinbundes von 1658 wird bezeichnen können.[1] Den von Spanien und dem Lothringer drohenden Gefahren zu begegnen, gab es für die vielen kleineren Fürsten im westlichen Deutschland, welche den Einfällen dieser übermächtigen Gegner in erster Linie ausgesetzt waren, bei dem geringen Rückhalt, den die durch den dreissigjährigen Krieg

---

[1] Ueber die verschiedenartige Auffassung dieses Recesses durch Mignet (Négoc. rel. à la succession d'Espagne II, 13), Böhm, Der Rheinbund und seine Geschichte (Zeitschrift für preussische Geschichte und Literatur, Jahrg. VI, 221) und Joachim (Die Entwickelung des Rheinbundes von 1658, p. 8) einer- und Erdmannsdörffer (Graf, G. Fr. von Waldeck, S. 262—263, Anm. 3) andererseits; vgl. Joachim a. a. O. p. 9, Anm.

geschwächte Macht des Kaisers bot, kein anderes Mittel, als gegenseitige Unterstützung. Diese Erkenntniss der Nothwendigkeit und Nützlichkeit gemeinsamer Vertheidigung war eine allgemeine; allein viel zu verschieden waren die Interessen der einzelnen Fürsten, als dass an eine das ganze Reich umfassende Einigung hätte gedacht werden können. Ein gemeinsames Vorgehen wenigstens des Ober- und Kurrheinischen Kreises war ursprünglich geplant. Von beiden Kreisen war denn auch die Einladung an drei weitere benachbarte Reichskreise, Franken, Schwaben und Westphalen, ergangen. Allein der particularistische Geist des deutschen Volkes zeigte sich gleich hier. Die eingeladenen drei Kreise leisteten dem Rufe nicht Folge und die Verhandlungen des Ober- und Kurrheinischen Kreises zogen sich derart in die Länge, dass die mächtigsten Fürsten des kurrheinischen Kreises — die Kurfürsten von Mainz, Köln und Trier — es für das zweckmässigste hielten, durch die Unterzeichnung eines besonderen Recesses — den zu unterschreiben den übrigen Gliedern ihres Kreises und der benachbarten freistehen sollte — sich gegenseitig einen wenn auch nur schwachen Rückhalt zu sichern. Der Recess von 21. März 1651, durch den dies geschah, erscheint auf den ersten Blick als ein gänzlich harmloser Vertrag, als ein Defensionsvergleich in bescheidensten Formen, geeignet eher Spott als Furcht zu erregen. Die Zahl der gemeinsamen Truppen, 300 Reiter und 2100 Fusssoldaten,[1] zu denen noch 2000 Mann oberrheinischer Soldaten gemäss den Bestimmungen des bald darauf — 2./12. April — zu Stande gekommenen gemeinschaftlichen Recesses stossen sollten, war eine im Vergleiche mit jener der Grossmächte, die Deutschland bedrohten, überaus geringe. Von einer feindlichen Absicht gegen ein Mitglied des Reiches oder dessen Oberhaupt ist keine Spur in diesem Recesse und nur der Gedanke durch eine Particularunion die der geordneten Verfassung gemäss zu Gebote stehende Hilfe zu vergrössern, erklärt, warum man in dieser Einigung mit Recht den Ursprung des Rheinbundes von 1658 erblicken kann. Einige Zeit hindurch schien es dann, als würden die

---

[1] In dieser Zahl sind die von Pfalz, das mit Rücksicht auf den Wiener Hof seine Einwilligung noch nicht gegeben, bereits inbegriffen.

Versuche einer Erweiterung dieses Bundes ohne Erfolg bleiben. Die Bemühungen den Pfalzgrafen von Neuburg, Wolfgang Philipp, fester an die Verbündeten zu knüpfen, führten zu keinen entscheidenden Abmachungen und der Krieg, der bald darauf zwischen Wolfgang Philipp von Neuburg und Friedrich Wilhelm von Brandenburg ausbrach, nöthigte den ersteren bei jenem Manne Unterstützung zu suchen, gegen den in erster Linie die Bestimmungen des kurrheinischen Recesses gerichtet waren, bei Karl von Lothringen.

Aber gerade von dieser Seite gieng der Anstoss zur weiteren Entwickelung des Bundes aus. Denn je grösser die Gefahr war, welche dem Neuburger von dem mächtigen Gegner drohte und je weniger die Reichsversammlung, welche gegen Ende des Jahres 1652 einberufen wurde und im Laufe des Jahres 1653 tagte, die Hoffnungen erfüllte, welche man gehegt hatte, je klarer endlich den einzelnen Fürsten zum Bewusstsein kam, dass sie nur auf sich selbst angewiesen seien, desto eifriger bemühten sich diejenigen unter ihnen, welche einen klaren Einblick in das Wesen der Dinge besassen, die gleichgesinnten Glieder des Reiches zu einigen. In erster Linie waren der junge Neuburger und der Bischof von Münster Förderer dieses Planes; obgleich es ganz verschiedene Ziele waren, denen diese beiden Männer zustrebten, die an Klugheit hinter wenigen der damaligen deutschen Fürsten zurückstanden. Ganz reell war das Ziel des Bischofes Christof Bernard von Galen. Ihm galt es vor allem sich einen starken Rückhalt gegen den eroberungslustigen jungen Schwedenkönig, Karl Gustav zu schaffen, dessen Truppenwerbungen wie nicht weniger die Gerüchte von beabsichtigten Erbansprüchen auf die Jülich-Cleve-Bergischen Lande, den energischen Bischof in Besorgniss setzten. Dann aber hoffte er bei den verbündeten Fürsten eine schätzenswerthe Hilfe für den Fall zu finden, dass die Differenzen zwischen ihm und der Stadt Münster zu ernsten Conflicten führen sollten. Viel höher verstiegen sich dagegen die Hoffnungen des vor kurzem erst zur Regierung gelangten Neuburgers Philipp Wilhelm. Eine Königskrone wollte er sich auf's Haupt setzen. Das war der Gedanke, den er sein ganzes Leben lang erfolglos, aber mit anerkennenswerther Festigkeit, zur Durchführung zu bringen versucht hat. Und wie er noch bei Lebzeiten seines Vaters die polnische Königskrone zu erreichen strebte, so hat er in den späteren Lebensjahren, als seine Hoffnung die deutsche Kaiserkrone zu erwerben längst geschwunden war, von neuem jenem Jugendtraume mit nie rastendem Eifer nachgejagt.[1] Aber diese hohen Ziele hinderten den ehrgeizigen, kriegerischen, aufgeweckten Fürsten nicht, für's erste weniger glänzendem, aber erreichbarerem nachzustreben; in erster Linie der Wahrung seiner Rechte in der Jülich'schen Erbschaftsfrage. Er hatte vorerst beim Kaiserhofe Förderung seiner Pläne und Wünsche gesucht, dann aber, als er eingesehen hatte, dass von dieser Seite nichts zu hoffen sei, sich dem Bischof von Münster zugewendet, um mit ihm gemeinsam, die gemeinsamen Interessen zu wahren. Vorerst versuchten die beiden Fürsten den westphälischen Kreis durch eine gänzlich katholische Kreisdefension für ihre Zwecke militärisch zu organisiren.[2] Der Widerstand Brandenburgs und der Generalstaaten vereitelte dies Unternehmen, gerade in dem Momente, wo der Brandenburger durch den Abschluss eines Bündnisses mit Köln und eines anderen mit den drei Herzogen von Braunschweig-Lüneburg, in welchem Köln Aufnahme finden sollte, den rheinischen Fürsten eines ihrer hervorragendsten Mitglieder zu entfremden im Begriffe stand.[3]

Da war es Christof Bernard von Galen, der alle Hebel in Bewegung setzte, um die seit Jahren unter den rheinischen Fürsten schwebenden Allianzverhandlungen, wieder in rechten Fluss zu bringen. In der That gelang es ihm auf Wegen, die zu verfolgen wir nun in der Lage sind,[4] die von verschiedenen Interessen beseelten Fürsten zur Unterzeichnung der Allianz vom 15. December 1654 zu vermögen. Auch dieser von vier katholischen Fürsten — Köln, Trier, Neuburg und Münster — unterzeichnete Vertrag enthält nichts was über eine einfache

---

[1] Vgl. für die Politik des Neuburger's Krebs Oskar, Beiträge zur Geschichte der Politik des Pfalzgrafen Wolfgang Wilhelm und Philipp Wilhelm von Neuburg 1630—1660. Zeitschrift des Vereines für Schwaben und Neuburg, 1886.
[2] Vgl. Erdmannsdörffer l. c. 168 ff.
[3] Vgl. Erdmannsdörffer l. c. 257 ff. und Köcher, Geschichte von Hannover und Braunschweig, 1648—1714, 179 ff.
[4] Joachim l. c. p. 22 ff.

Defension hinausgehen würde. Es wurde ausdrücklich im ersten Artikel dieses Vertrages erklärt, dass die Einigung keines Menschen Offension, sondern nur die gegenseitige Unterstützung bei Angriffen von auswärtigen und inneren Feinden bezwecke, und die festgesetzten Contingente, — wie sie in dem leider nicht erhaltenen Nebenrecesse ihren richtigen Ausdruck fanden[1] — 3600 Mann zu Fuss und 850 zu Ross, hätten in der That keinesweges hingereicht, auch nur die geringsten Offensivmassregeln zu ergreifen. Dass aber wenigstens ein Theil der verbündeten Fürsten, in erster Linie der Neuburger und der Münsterer, im geheimen Gedanken gefasst haben, die weit über das hinausgiengen, was in dem Hauptrecesse zum Ausdrucke gekommen war, daran ist nicht zu zweifeln. Nur musste es von dem weiteren Verlaufe der grossen Fragen, die das Europa der damaligen Zeit bewegten, abhängen, in wie weit diese ausserhalb des Kreisverbandes zu Stande gekommenen Einigungen gewisser Reichsstände die Grundlage einer grösseren Verbindung bilden würden, welche die Hoffnungen zu erfüllen vermöchte, die im heiligen römischen Reiche von so manchem ‚Reichspatrioten‘ gehegt wurden.

Für's erste freilich war an eine praktische Durchführung der auf dem Papier ausgearbeiteten Verfassung nicht zu denken. Der Bund hatte weder einen Kriegsrath, noch Oberofficiere, noch eine Bundescassa und als die Rüstungen des Schwedenkönigs die Concentration der Bundesarmee zweckmässig erscheinen liessen und diese von Christof Bernard, dem zunächst bedrohten Mitgliede der Allianz, gefordert wurde, da zeigte sich, wie wenig die Organisation des Bundes den Anforderungen entsprach, die man an eine derartige Einigung mit Recht stellen durfte. Es war unter diesen Umständen für die Verbündeten ein Glück, dass der ehrgeizige, von grossen Ideen erfüllte Schwedenkönig seine Blicke auf das von äusseren und inneren Feinden gleich bedrohte Polen richtete und auch den nach Machterweiterung strebenden Brandenburger vermochte, sein Augenmerk den nordischen Verhältnissen zuzuwenden. Den

---

[1] Die im Hauptrecesse festgesetzten Contingente — 8000 Mann zu Fuss und 2000 Reiter — waren nur auf Blendung der Gegner berechnet. Vgl. Joachim l. c. 38.

rheinischen Fürsten wurde damit die Möglichkeit geboten, langsam und ohne Furcht einer plötzlichen Ueberrumpelung von dieser Seite her, an dem Ausbaue des Bundes zu arbeiten. Dass es den Verbündeten gelang, den Kurfürsten Johann Philipp von Mainz für ihre Pläne zu gewinnen, war der erste grosse Erfolg, dessen sie sich rühmen durften. Denn durch den Wiedereintritt des Mainzers in die Reihe der Fürsten, welche in der eigenen Kraft den besten Schutz ihrer Besitzungen sahen, gewannen die Alliirten die Mitwirkung eines Fürsten, der nicht allein ob seiner Stellung im Reiche, sondern auch durch seine und seiner Räthe Bedeutung berufen war, das Haupt der Verbindung zu werden und ihr Ziel und Richtung zu geben. Schon in der Frankfurter Convention vom 11. August 1655, welche aus einer Verschmelzung der beiden Einigungen vom März 1651 und December 1654 hervorgegangen ist, zeigt sich der mächtige Einfluss des Mainzers, der seine ausschlaggebende Stimme gegen die persönlichen Interessen dienenden Pläne des Bischofes von Münster einlegte. Und auch für den Ausbau der Allianz sorgte Johann Philipp. Gegen den Wunsch des Neuburgers wurde Freiherr von Hunolstein mit 2000 Thaler Gage zum General über die sämmtlichen geworbenen Defensionsvölker bestellt; Reuschenberg dagegen nur aufgefordert eine bindende Zusage zu geben, dass er das Commando über die Truppen übernehmen werde, falls eine Verdoppelung, oder noch bedeutendere Verstärkung erfolgen sollte. Zugleich wurde die Verlängerung der Defensionsverfassung auf zwei weitere Jahre von dem Tage des durch den kölnischen Recess festgesetzten Endtermines, also bis zum 15. December 1658 beschlossen und den Mitgliedern des Bundes noch besonders eingeschärft, die von ihnen zu stellenden Contingente in Bereitschaft zu halten. Damit war ein Anfang gemacht. Unvorhergesehene Ereignisse gaben bald darauf Anlass zu neuen Berathungen. In erster Linie das Bestreben des Neuburgers, sobald durch den Eintritt Hunolsteins in kaiserliche Dienste der Posten eines Generals der alliirten Truppen freigeworden war, den von ihm protegirten Reuschenberg zu dieser Stelle zu verhelfen, dann aber in noch höherem Maasse der drohende Anmarsch der Spanier und Condé's. Anfang des Jahres 1656 traten die Vertreter der alliirten Fürsten — nur Mainz fehlte — in Köln zusammen.

Bezüglich dessen, was hier gelegentlich der im Januar begonnenen, im Februar unterbrochenen und Ende März wieder aufgenommenen Berathungen behufs Abhaltung weiterer Einfälle der Spanier und Condé's beschlossen wurde, sehen wir nach der neuesten Darstellung ganz klar.[1] Eine diplomatische Action wurde von Bundeswegen beim Statthalter in Brüssel eingeleitet und zu Gunsten der arg bedrängten Aebtissin von Thorn sollten, über Wunsch der Alliirten, der Bischof von Münster und der Pfälzer als Glieder des westphälischen Kreises beim Kaiser ihren Einfluss geltend machen, um dessen Mitwirkung zur Erhaltung Thorns zu erzielen. Was dagegen in den zu Ende des Monates März und in den ersten Tagen des April gehaltenen Conferenzen über alle anderen Angelegenheiten berathen und beschlossen worden ist, das möge, — mit Rücksicht darauf, dass sich die aus allen anderen Archiven verschwundenen Conferenzprotocolle, sowie der Recess vom 31. März 1656 in den Mainzer Beständen des Wiener Archives vorgefunden haben — hier des näheren auszuführen gestattet sein.

Am 27. März fand die erste Sitzung, der eigentlich für den 2. März anberaumten Versammlung statt. Der Kölner Erzbischof, der das Präsidium für sich in Anspruch nahm, war in Abwesenheit seines ersten Bevollmächtigten, des Grafen Egon von Fürstenberg, durch Düssel, Trier durch den Kanzler Anethan, Münster durch Wiedenbrück, Neuburg durch den Vicekanzler Snell vertreten.[2] Vorerst war es die Frage über das Verhältniss, in welches Reuschenberg zu den Alliirten treten solle, das den Gegenstand eingehender Berathungen bildete. Alsogleich zeigte sich das verschiedenartige Interesse der einzelnen Mächte. Während Trier, das von Anfang an allen energischen Beschlüssen gegenüber sich ablehnend verhalten hatte, für die Belassung Reuschenbergs in Neuburgischen Diensten bis zum Ausbruche eines Krieges und für die Zuweisung eines Friedensgehaltes von 2000 Thaler an denselben eintrat, hielt es Köln für zweckmässig Reuschenberg gleich in die Dienste der Alliirten

---

[1] Joachim l. c. 67 ff.
[2] Die ganzen Verhandlungen nach den Protokollen, die sich in den Mainzer Beständen des Wiener Archives vorfinden, und die ich W. A. (M.) bezeichnen werde.

zu nehmen und ihm ein monatliches Gehalt von 100 Thaler von jedem Mitgliede der Allianz zuzuweisen.[1] Zu einer Einigung kam es nicht. Münster und Neuburg verhielten sich indifferent. Endlich wurde beschlossen Reuschenberg selbst anzugehen. Dieser erklärte dem Vertreter Kölns, er halte seinen sofortigen Uebertritt in die Dienste der Verbündeten für zweckmässiger. Allein Düssel fand, als er diese Erklärung am 28. März zur Verlesung brachte, ebenso energischen Widerstand, wie am Vortage. Auch die Anwesenheit Reuschenbergs in der Sitzung vom 29. hatte keinen Erfolg. Trier blieb bei seiner Meinung. Da entschloss sich der Kölner nachzugeben; umsomehr, als auch die Vertreter Münsters und Neuburgs sich auf die Seite Triers stellten. Fürstenberg, der unterdess den Vorsitz übernommen, erklärte in der Sitzung vom 31. December, der Kurfürst — sein Herr — würde es zwar lieber gesehen haben, wenn Reuschenberg die pfälzischen Dienste verlassen hätte, füge sich aber der Meinung der übrigen Mitglieder der Einigung, und stimme dem Beschlusse bei, dass dem Reuschenberg zugleich mit der Erlaubnis in pfälzischen Diensten zu bleiben, ein monatliches Gehalt von 200 Thaler in Friedenszeiten zugesprochen werde. Doch sollte derselbe allsogleich den Verbündeten den Eid der Treue leisten. Und dabei blieb es auch.[2]

Aehnliche Differenzen, wie bei Besetzung der Stelle des Höchstcommandirenden, ergaben sich übrigens auch bezüglich der anderen hohen Officierspostеn, insbesondere der Stelle des Generalwachtmeisters. Trier trat für den Obersten Ratschin, Münster für den Obersten Cratz ein. Dieser war der ältere Officier, jener nach Triers Ansicht der tüchtigere. Erst nach längeren, mit der Bedeutung der Frage in keinem richtigen Verhältnisse stehenden Debatten, gelang es einen allen Parteien genehmen Ausweg zu finden. Es wurde beschlossen, dass es den einzelnen Alliirten im Falle eines Krieges freistehen solle, sich ihrer Officiere, jedoch auf eigene Kosten, zu bedienen; für den Fall der Nothwendigkeit einer gemeinsamen Operation aber,

---

[1] Für den Fall, dass die Verbündeten darauf nicht eingehen wollten, sollte ihm wenigstens ein Friedensgehalt von 3000 Thaler gegeben werden.

[2] Die endgiltige Form fand diese Bestimmung in dem Recesse vom 31. März, §. 1. Vgl. den Abdruck im Anhange.

sollte der Rangälteste Officier ohne Unterschied, in welches Fürsten Diensten er stehe, das Commando führen.[1]

Wesentlicher als diese beiden Fragen war aber die nach Erhöhung der durch die Frankfurter Convention festgesetzten Contingente. Auch hier vertrat Trier das conservative Element. Anethan erklärte in der Sitzung vom 27. März, er glaube, die Gefahr sei nicht so gross, um eine Erhöhung der Contingente wünschenswerth erscheinen zu lassen, der Krieg werde ja noch ausserhalb des Reiches geführt und die einzelnen Länder seien ohnehin mit Lasten so beschwert, dass eine Vermehrung derselben durch Erhöhung der Contingente wenigstens eine Zeitlang noch zu vermeiden sei. Anders schon liess sich der Vertreter des Bischofs von Münster vernehmen. Die Bundestruppen — so äusserte Wiedenbrück — belaufen sich auf 5500 Mann zu Fuss und 1250 Reiter;[2] diese Zahl genügt nicht; man erhöhe die Reiterei auf das doppelte, die Fusssoldaten um die Hälfte des Simplums. Aber noch viel energischer trat der Vertreter des Pfälzers auf, dessen ergeizige Pläne ohne eine bedeutende Erhöhung der Contingente nicht durchzuführen waren. Er wisse wohl, so liess er Snell reden, dass die Vermehrung der Streitkräfte den einzelnen Mitgliedern beschwerlich falle, allein er fordere die Mitverbündeten auf, die Anstrengungen der Unkatholischen in Betracht zu ziehen, ihr Augenmerk auf die Unternehmungen Schwedens und Englands zu richten, zu bedenken, welche Mühe sich diese Mächte geben, um Brandenburg, Dänemark und Holland in ihre Allianz hinein zu ziehen; dann würden sie sich von der Nothwendigkeit der Erhöhung der Contingente überzeugen. Allein er drang nicht durch und das Ergebniss war, dass jedem der Alliirten zwar freigestellt wurde sich zu rüsten, im allgemeinen aber die Bestimmungen der Frankfurter Convention bezüglich der Truppencontingente als zu recht bestehend anerkannt wurden.[3]

Gelegentlich dieser Berathungen über die Höhe der Contingente tauchte hier in Köln zum ersten Male die Frage nach einer gemeinschaftlichen Kasse auf. Der Vertreter des Kölner

---

[1] Vgl. die Bestimmungen des Recesses vom 31. März im Anhange.
[2] Joachim l. c. 72.
[3] Die Verhandlungen nach den Conferenzprotokollen des W. A. (M). — Vgl. §. 4 des Recesses vom 31. März.

Erzbischofes war es, der sich in der Sitzung vom 31. März ganz entschieden für eine solche aussprach und vorschlug, jeder der alliirten Kurfürsten und Fürsten möge monatlich 100 Thaler, alle übrigen Verbündeten geringere, nach ihrer Leistungsfähigkeit festzusetzende Beträge zahlen. Der Vorschlag des Kölners wurde, wenn auch nicht mit Einstimmigkeit zum Beschluss erhoben [1] und dem Recesse einverleibt.[2] Und zu all' diesen Angelegenheiten kam noch eine, welche obgleich eine reine Ceremonialfrage, von nicht geringer Bedeutung war — der Streit um den Vorsitz bei den Berathungen der Alliirten. Während der Mainzer denselben als Erzkanzler des Reiches in Anspruch nahm, forderte der Kölner fussend auf die Bestimmungen der Goldenen Bulle Directorium und Vorsitz in allen Fällen, in denen innerhalb seines Sprengels Versammlungen stattfinden würden. Eine Einigung zu erzielen, gelang nicht; denn der Kölner blieb allen Ausführungen gegenüber bei seiner Auffassung. Es war daher, wie uns scheint, ein glücklicher Gedanke des Vertreters Christof's von Galen, diesem Streite wenigstens fürs erste dadurch ein Ende zu machen, dass er den Antrag stellte, das Directorium möge jenem Fürsten zustehen, in dessen Lande die Versammlung gehalten werde.[3] Allein obgleich dieser Vorschlag in der Berathung durchdrang und in den Recess Aufnahme fand,[1] war der Rangstreit zwischen Mainz und Köln damit keineswegs beigelegt. Die nachtheiligen Folgen desselben zeigten sich vielmehr alsbald. Der Kurfürst von Mainz hatte an den Berathungen zu Köln im März keinen Antheil genommen. Wohl war sein Vertreter, Herzelles, in Köln anwesend und von allem was vorfiel in Kenntniss gesetzt worden; er hatte aber die Beschlüsse der Versammelten wenigstens officiell nicht gut geheissen und den Recess nicht unterzeichnet. Das gab nun Trier, dessen Gesandter, wie wir sahen, im Verlaufe der Verhandlungen seinen conservativen Standpunkt genügend zu erkennen gegeben, Anlass, die Giltigkeit des Recesses vom 31. März in Frage zu stellen. Anethan

---

[1] Conferenzprotokoll vom 31. März W. A. (M.).
[2] Zum Cassaverwalter wurde Grevenbroch bestimmt. Vgl. den Recess vom 31. März 1656 W. A. (M.), §. 5.
[3] Conferenzprotokoll vom 29. März W. A. (M.).
[4] Vgl. §. 7 des Recesses vom 31. März.

erklärte am 9. April, der Kurfürst — sein Herr — halte die Errichtung einer Cassa und die Auswahl der Staabsofficiere mit Rücksicht auf das Oberhaupt des Reiches und die übrigen Fürsten Europas nicht für zweckmässig, insbesondere da Mainz an den Berathungen keinen Antheil genommen und habe ihm Befehl ertheilt, den Recess nur mit dem Vorbehalte zu unterzeichnen, dass Carl Caspar seine fernere und endliche Erklärung erst dann abgeben werde, wenn der Mainzer seine Meinung geäussert haben würde.[1] Die Folge dieser Erklärung war, dass in einer neuen Sitzung am 11. April der Beschluss gefasst wurde, dem Vertreter Johann Philipps, der in der Nähe weilte, den Recess mit der Bitte zu übersenden, denselben im Namen des Kurfürsten von Mainz unterzeichnen zu wollen. Herzelles erklärte, er zweifle nicht daran, dass sein Herr die Beschlüsse der Verbündeten im Grossen und Ganzen billige, zur Unterzeichnung des Recesses fehle ihm aber die Vollmacht. Doch erbot er sich den Recess alsogleich dem Kurfürsten zur Unterzeichnung zu übersenden.[2] Dies geschah, jedoch ohne Erfolg. Denn Johann Philipp weigerte sich, bevor die Rangstreitigkeit in seinem Sinne entschieden sei, den Recess zu unterzeichnen, und so schieden die zu Köln versammelten Männer von einander, ohne zu einer Einigung gelangt zu sein. Erst gelegentlich der einige Monate später vornehmlich durch die dem Stifte Thorn von den Spaniern drohenden Gefahren veranlassten Versammlung der Verbündeten zu Köln, wurde diesem Rangstreit ein Ende gemacht, das den vollständigen Sieg des Mainzers bedeutete. Vergebens hatte der Kurfürst von Köln, der seine Niederlage voraussah, nach einem Auswege gesucht, vergebens liess er durch seinen Vertreter seine Bereitwilligkeit ausdrücken, auf das Directorium zu verzichten, wenn ihm nur der Vortritt gewahrt bliebe; eine unzweideutige Zurückweisung war die Antwort.[3] Und wie entschlossen die Alliirten waren, für den Mainzer einzutreten, zeigte sich, als der Vertreter Maximilian Heinrichs bei den Verhandlungen mit den geldrischen Deputirten über die Thorn'sche Angelegenheit, zu welchen von

---

[1] Conferenzprotokoll vom 9. April 1656. W. A. (M.)
[2] Conferenzprotokoll vom 11. April 1656. W. A. (M.)
[3] Conferenzprotokoll vom 24. August 1656. W. A. (M.)

den Alliirten Mainz, Köln und Münster delegirt worden waren, wegen der Diöcesangerechtsame des Kölner's in dem Orte der Berathung wiederum Directorium und Vortritt vor Mainz forderte. Denn als Herzelles mit Austritt aus der Berathung, mit seiner Abreise drohte, wurde von den Verbündeten die Ausscheidung des Kölner's und Ersetzung desselben durch den Trierer beschlossen.[1] Aber der Mainzer gieng noch weiter. Er forderte in der Sitzung vom 5. September die Vertreter Triers, Neuburgs und Münsters auf, den Kölner zu einem definitiven Rückzuge in der Rangfrage zu vermögen,[2] und als am 12. September der Recess über die Thorner Angelegenheit unterzeichnet werden sollte und die verbündeten Fürsten, um neue Conflicte hintanzuhalten, vorschlugen, es möge der Recess durch eine Deputation unterzeichnet werden, weigerte sich Herzelles, darauf einzugehen und setzte in der That durch, dass der Recess nomine directorii Monguntini von dem mainzischen Secretäre unterzeichnet wurde.[3] Maximilian Heinrich war entrüstet. Er liess seinen Verbündeten erklären, er habe seinem Vertreter Befehl gegeben abzureisen, falls sie ihm sein Recht nicht zugestehen wollten. Vergebens. Herzelles, der von diesen Erklärungen Kunde erhielt, antwortete ruhig, sie hätten zwischen Mainz und Köln zu wählen.[4] Johann Philipp wusste, was er wagen konnte. Noch am selben Tage kamen die Vertreter Triers, Neuburgs und Münsters in die Wohnung Herzelles' und erklärten ihre Bereitwilligkeit mit Ausschluss Köln's die Verhandlungen fortzusetzen.[5] Damit war der Sieg des Mainzers entschieden, der seinen entsprechenden Ausdruck in dem ersten Artikel des Recesses vom 24. September fand „dass es in puncto directorii in politicis itemque sessionis allerseits, wie solches im Reich von alters kundbarlich hergebracht, gehalten werden solle".[6]

---

[1] Conferenzprotokoll vom 25. August 1656. W. A. (M.)
[2] Conferenzprotokoll vom 5. September 1656. W. A. (M.)
[3] Conferenzprotokoll vom 12. September 1656. W. A. (M.)
[4] Conferenzprotokoll vom 15. September 1656. W. A. (M.)
[5] Conferenzprotokoll vom 15. September 1656. W. A. (M.)
[6] Vgl. Joachim l. c. 80. Mit der Niederlage des Kurfürsten von Köln dürfte in Verbindung zu bringen sein, dass in der Sitzung vom 16. September, der von Trier schon am 24. April gemachte Vorschlag, von der Errichtung einer Kassa abzustehen, und die Erhaltung der Truppen

Frägt man nach den Gründen, welche die Alliirten zu einem so entschiedenen Eintreten für die Rechte des Mainzers bewogen, so wird man dieselben weniger in der Ueberzeugung von der Richtigkeit der Mainzischen Deductionen, als in dem Umstande suchen müssen, dass die Alliirten nicht einen Augenblick darüber im Zweifel waren, dass Johann Philipp von Mainz durch Stellung, Verbindungen und die hohen Ziele seiner Politik in ungleich höherem Maasse befähigt war, die Interessen der Verbündeten zu vertreten, als der geistig völlig bedeutungslose, zaghafte Erzbischof von Köln. Denn Johann Philipp war es, der von allem Anfang an von der richtigen Erkenntniss der Unzulänglichkeit der Kräfte, über welche die Verbündeten geboten, ausgehend, für die Anlehnung an eine oder die andere der Grossmächte Europa's eingetreten war. Und hatte er auch an dem ehrgeizigen Neuburger einen Genossen bei diesen Plänen, so liess sich dieser von den beschränkten Gesichtspunkten der eigenen Interessen und der Religion in viel höherem Maasse leiten, als der Mainzer, dem es bei der Wahl der aufzunehmenden Mitglieder weniger darauf ankam, welcher Confession dasselbe angehöre, als inwieweit man von den in das Bündniss zu ziehenden Mächten auf ein Eintreten für die Interessen der deutschen Fürsten werde rechnen können. Nur von diesem Gesichtspunkte aus betrachtet gewinnt die an Doppelzüngigkeit und scheinbarer Haltlosigkeit kaum zu überbietende Politik Johann Philipps Interesse und Bedeutung. Ihm stand ein Ziel vor Augen, ein Ziel hoch genug, um seinen Ehrgeiz zu befriedigen und dennoch erreichbar, nur mussten die Verhältnisse es fügen, in welcher Richtung er sein leicht bewegliches Schiff werde zu lenken haben. Dass es Johann Philipp sehr erwünscht gewesen wäre, wenn Neigung und Interesse sich gedeckt und er jene nicht hätte opfern müssen, um diese zu wahren, ist gewiss; und sicher wird man kein ungünstiges Urtheil über ihn deswegen fällen können, weil er weder den beschränkten katholischen Standpunkt des Neuburgers noch den beschränkten politischen Standpunkt des

durch jeden Einzelnen in natura leisten zu lassen, von Mainz lebhaft unterstützt und von den übrigen gebilligt, durchdrang und die Abänderung dieses Artikels in dem Recesse vom 31. März gebilligt wurde. (Conferenzprotokoll vom 16. September 1656.) W. A. (M.)

Trierers vertrat. Die Zeiten, wo die gleiche Religion ein unumgängliches Erforderniss einer politischen Einigung bildete, waren längst vorüber. Durfte der allerchristlichste König mit dem Ketzer Cromwell Hand in Hand gehen, so konnte man es dem Erzbischofe von Mainz nicht verargen, wenn er in der Aufnahme eines reformirten Fürsten keine Schädigung des katholischen Glaubens sah. Und ebenso wenig wird man in dem Anschlusse an ausserdeutsche Mächte an und für sich einen Fehler der Mainzischen Politik erblicken können. Das Urtheil über Johann Philipp als Mensch hängt vielmehr von der Beantwortung der Frage ab, ob ihm das persönliche oder das Reichsinteresse höher galt; das Urtheil über den Politiker Johann Philipp wird durch die Entscheidung der Frage gefällt, ob die Fürsten, denen er sich schliesslich in die Arme geworfen, wirklich jene waren, von denen ein wahres Interesse für das deutsche Reich und ein Verständniss für dessen Bedürfnisse zu erwarten war.

II.

Ueber die Verhältnisse, unter denen es den Alliirten gelang, die Mitglieder der Hildesheimer Allianz[1] vom Jahre 1652 für den Eintritt in den rheinischen Bund zu bewegen, sehen wir nach den neuesten Publicationen ganz klar.[2] Der Wunsch nach einer Einigung bestand von dem Momente des Abschlusses des auf ähnlichen Grundlagen aufgebauten Bündnisses. Es bedurfte daher nur der richtigen Persönlichkeit, um die Verbindung anzuknüpfen. Diese fand sich denn auch in dem Kurfürsten von Mainz. Er begann vorerst mit der Hessen-Cassel'schen Regierung zu verhandeln. Februar 1656 waren die Vorverhandlungen bereits so weit gediehen, dass Johann Philipp mit dem Landgrafen Wilhelm in persönliche Bezie-

---

[1] Mitglieder der Hildesheimer Allianz waren die Herzoge August zu Wolfenbüttel, Christian Ludwig zu Celle und Georg Wilhelm zu Hannover, die Königin Christine von Schweden wegen ihrer deutschen Herzogthümer Bremen und Verden und Landgraf Wilhelm VI. von Hessen-Cassel.

[2] Vgl. Joachim l. c. 142 ff. und Köcher l. c. 142 ff.

hungen treten konnte. Und sobald die Sache, trotz aller Versuche sie geheim zu halten, dem Kaiser und den übrigen deutschen Fürsten bekannt geworden war, trat der Mainzer mit dem Gedanken auf, alle Mitglieder des Hildesheimer Bundes zum Anschlusse an die Union der rheinischen Fürsten aufzufordern. Der Pfälzer war, als er von diesen Plänen Kunde erhielt, sehr erzürnt. Begreiflich; sollte ja doch der Brandenburger, der Verbündete Schwedens — obgleich er nicht Mitglied des Hildesheimer Bundes war — zum Eintritte in den Bund aufgefordert werden. Und nicht günstiger nahm der Bischof von Münster, dem vom Könige von Schweden die grössten Gefahren drohten, die Mittheilungen des Mainzers auf. Am allerdeutlichsten und heftigsten aber äusserte sich der Kölner gegen die Aufnahme aller Mitglieder des Hildesheimer Bundes. Eine umfangreiche Correspondenz zwischen Johann Philipp und Maximilian Heinrich, die uns noch erhalten ist, legt Zeugniss dafür ab, wie unermüdlich der Mainzer in seinem Bestreben war, den Kölner von der Nothwendigkeit der Erweiterung der Allianz, von der Bedeutung des Eintrittes der braunschweigischen und Hessen-Cassel'schen Fürsten für dieselbe und der Unerlässlichkeit, mit diesen Fürsten auch ihren Verbündeten, von denen sie sich nicht trennen wollten und könnten, den Eintritt in den Bund wenigstens freizustellen. Gleichwie E. L^{den}, schreibt er in einem sehr ausführlichen und inhaltsreichen Briefe an Maximilian Heinrich, bekannt ist, dass es in der jetzigen Zeit unvermeidlich ist, unsere Verfassung auf alle thunliche Weise mit anderen dazu gleich entschlossenen Ständen bestmöglichst et cum effectu zu stärken, ,so werden E. L. im fürsinnen auch selbst hochvernünftig befinden, daß zu solcher gemeinmüthigen friedensmessigen Zusammenhaltung kein ergibiger mittel obhanden, alß daß man nit allein ohne außbehalt der zweyspaltigen Religionen, sonder darzue sonst universaliter und indiscriminatim alle dieienige status imperii, die pro eius tutela unanimi ac praesentis in imperio status solidamento mit Unß einerley gesinnet sein, in die angefangene Sambtverstendnus an sich zihe, wohin wir dan gleichfalß zu forderist die Röm: Kay: May: unsern allergnädigsten Herrn, wie nit weniger Chur Bayerns L^{den} zu ziehlen verspüret und jederzeit der Einiguns-Verwandten Chur- und Fürsten einmütige Meinung eben dießeß intendirct hat'.[1] Allein in diesem Punkte drang Johann Philipp nicht durch. Denn der Erzbischof von Köln, durch die persönliche Niederlage, die er in der Rangfrage erlitten, gereizt, antwortete ihm: ‚Wir müssen nochmals dafür halten, daß beßer und sicherer bey der Particularinvitation beyder Häuser Braunschweig und Hessen-Cassel zu bleiben‘;[2] und die übrigen Fürsten, insbesondere Trier und Münster, pflichteten ihm bei. So wurden denn in dem Einladungsschreiben an die Häuser Braunschweig und Hessen-Cassel alle ‚anstössigen‘ Stellen gestrichen und dieses castrirte Schreiben Ende September 1656 denselben zugesendet. Was folgte, bewies, wie recht der Mainzer geurtheilt hatte. Denn die Invitirten erklärten in ihrer nach langen gemeinsamen Berathungen erfolgten Antwort ihre principielle Geneigtheit, dem Bunde beizutreten und in einer näher zu bestimmenden Zeit die Verhandlungen zu beginnen, betonten aber zu gleicher Zeit die Nothwendigkeit, den Satzungen der Hildesheimer Allianz entsprechend, vor Mittheilung des nunmehr obschwebenden Projectes an ihre Verbündeten, darüber Nachricht zu haben, ob die Invitanten gesonnen seien, den im Hildesheimer Vertrag mitvereinten Herrschern von Schweden und Brandenburg — letzteres war gar nicht Mitglied des Bundes — allerdings mit Beschränkung auf ihre deutschen Besitzungen den Eintritt in die Allianz freizustellen.[3] Die Alliirten — mit Ausnahme Johann Philipps — waren mit dieser Erklärung wenig zufrieden, und es gelang erst nach vielen neuen Bemühungen, sie zu vermögen, den Vertretern der invitirten Fürsten am 21. Februar 1657 die Erklärung abzugeben, dass man die Aufforderung zum Eintritte in den Bund auch an Schweden und Brandenburg richten werde, jedoch — wie ausdrücklich hervorgehoben wurde — nur in Hinsicht auf ihre im Reiche gelegenen Länder und mit der weiteren Hinzufügung, ‚man hoffe, die Invitirten würden mit praecaviren helfen, dass man weder

---

[1] Schreiben Johann Philipps an Maximilian Heinrich ddo. 7. Juli 1656, W. A. (M.), wo sich die ganze Correspondenz der beiden Fürsten aus dieser Zeit, allerdings in Copien, befindet.

[2] Schreiben Maximilian Heinrichs an Johann Philipp, 21. Juli 1656. W. A. (M.)

[3] Das und das Folgende nach Joachim l. c. 170 ff.

direct noch indirect in den gegenwärtigen weitläufigen Krieg mit verflochten werde'.[1]

Es wird nicht in letzter Linie diese Verclausulirung der Annahme gewesen sein, welche die Invitirten bewog, die Berathungen über das Allianzwerk auf einen entfernten Zeitpunkt — Mitte Juni — zu verschieben; man durfte hoffen, dass unterdess die allgemeine Lage sich etwas geklärt haben werde.

Noch bevor die Frage unter den Alliirten entschieden war, ob man Schweden und Brandenburg den Eintritt in den Bund freistellen solle, hatte der Mainzer auf directem und indirectem Wege sich zu orientiren gesucht, inwieweit die beiden Fürsten ihrerseits die Anknüpfung eines festeren Verhältnisses mit den rheinischen Alliirten wünschten. Karl Gustav, auf den Johann Philipp durch die Betonung der Bedeutung der Allianz zum Zwecke der Inschrankenhaltung des Kaisers wirken zu können hoffte, zeigte anfangs wenig Neigung, den Plänen des Mainzers Gehör zu schenken. Begreiflich; denn was konnten dem vorwärtsstürmenden Karl Gustav diese kleinen deutschen Fürsten mit ihren Mittelchen bedeuten! Welchen Nutzen konnte er, der damals im Zenite seiner Erfolge stand, der Polen siegreich durchzogen, die feindliche Armee in einer dreitägigen Schlacht aufs Haupt geschlagen hatte, dem Polen zu Füssen lag, vor dem Russland erzitterte, der sich schon Herr des baltischen Meeres fühlte und sich in Träumen bald mit der Kaiserkrone bald mit dem Turban des Sultans geschmückt sah, von der Aufforderung des Mainzers sich versprechen, einem Bunde beizutreten, dessen Zweck die Erhaltung des Friedens war und dessen Truppen kaum ausreichten, um die Lücken auszufüllen, welche der Tod in die Reihen seiner Krieger riss. Wir sind leider nicht genügend über die Unterhandlungen unterrichtet, welche in dieser Zeit mit den Schweden gepflogen worden sind, und es liegt keine directe Aeusserung Karl Gustavs vor, aus der sich abnehmen liesse, welchen Werth er der von Mainz vorgeschlagenen Einigung beigemessen hat. Aber das glauben wir behaupten zu dürfen, dass derselbe jedenfalls ein äusserst geringer gewesen sein wird, und dass Karl Gustav dem Bunde in den Zeiten des Glückes nur

---

[1] Joachim l. c. 192.

darum beigetreten wäre, um durch seine Weigerung die Alliirten nicht in die Arme des ihm gründlich verhassten Kaisers zu treiben. Etwas anders nun standen aber die Verhältnisse, als dann im Frühjahre 1657 auf Grund der Beschlüsse der verbündeten Fürsten dem Könige von Schweden officiell die Einladung zur Theilnahme an den Berathungen des Bundes zuging. Einerseits hatte dieser jetzt, wo Schwedens Verbündete, die Fürsten von Braunschweig und Hessen-Cassel, Mitglieder desselben waren, wo mit Frankreich, wie Schweden wohl wusste, um dessen Aufnahme verhandelt wurde, an und für sich eine viel höhere Bedeutung als vordem; dann aber — und das war das Entscheidende — hatte sich die Lage des Schwedenkönigs wesentlich verschlechtert. Durch die vollzogene Einigung Polens und Oesterreichs, durch die in Aussicht stehende Verbindung des Kaisers mit Dänemark, durch die drohende Haltung, welche der siegreich vordringende Moscoviter annahm, war Karl Gustav, insbesondere da zu gleicher Zeit Dänemark den Krieg zu erklären drohte, Friedrich Wilhelm aber — der Verbündete Karl Gustavs — schwankend wurde, in eine Lage gerathen, in der ihm jede wenn auch noch so unbedeutende Unterstützung werthvoll erscheinen musste. Und zu alledem kam noch, dass der Tod Ferdinands III., bevor noch dem Reiche der Nachfolger bestimmt war, der Mehrzahl der alliirten Fürsten, als Kurfürsten, einen Zuwachs an Ansehen und Bedeutung verlieh, deren sich Karl Gustav für seine Zwecke zu bedienen gedachte. Dass unter solchen Verhältnissen der Schwedenkönig sich mit grösster Freude und unter Gewährung bedeutender Zugeständnisse für den Eintritt in die Allianz ausgesprochen hätte, wenn er von den Alliirten ein rückhaltloses Eingehen auf seine Eroberungspläne hätte erhoffen können, scheint ausser Zweifel zu stehen. Da er aber aus den Berichten seines in Frankfurt weilenden Vertreters Snoilsky ersehen musste, dass die Allianz der deutschen Fürsten eine unfertige Sache sei, deren raschen Fortschritt die Verschiedenartigkeit der Interessen der Verbündeten unmöglich mache, hatte die üble Lage, in die er gerathen, nur den Erfolg, dass er seine Geneigtheit aussprach, die Unterhandlungen über den Eintritt in die Allianz durch seinen Vertreter in Frankfurt führen zu lassen.[1]

---

[1] Für die Haltung Schwedens vgl. Joachim l. c. 211 ff.

Nicht ganz dieselben Gründe, welche für die Entscheidung des Schwedenkönigs massgebend gewesen sind, haben die Entschliessungen des Kurfürsten Friedrich Wilhelm geleitet. In dem Momente, da von Seite der alliirten Fürsten an ihn die Anfrage erging, ob er bereit sei, an den Verhandlungen in Frankfurt theilzunehmen, befand sich der grosse Kurfürst in einer so unklaren Situation, dass an eine bestimmte Erklärung seinerseits für oder gegen die Rheinbundfürsten nicht zu denken war. Zu Beginn des Jahres 1657 war der kaiserliche Gesandte Lisola an seinen Hof gekommen, um ihn, der von Anfang an nur nothgedrungen und widerwillig dem Schwedenkönig gefolgt war, mit den Polen auszusöhnen und für den Kaiser zu gewinnen. Und nicht ohne Eifer hatte Friedrich Wilhelm Lisola's Ausführungen gelauscht. Was band ihn denn auch jetzt, nachdem er den Lohn für seine Unterstützung erhalten, nachdem er souveräner Herr des herzoglichen Preussen's war, an den Schwedenkönig, dem er ebenso misstraute, wie er bei demselben Misstrauen erregte? Wenn er von den Polen die Bestätigung dieser Erwerbung durchzusetzen vermochte, so hatte er erreicht, was ihm vom Beginne des schwedisch-polnischen Conflictes als höchstes Ziel vorgeschwebt hatte. Dass er in diesem Falle, wenn er sich von Schweden ab- und den verbündeten katholischen Mächten zuwendete, den Oesterreich damals jedenfalls nicht mehr günstig gesinnten Bundesfürsten mit einer entschiedenen Weigerung, in ihre Verbindung einzutreten, hätte entgegentreten müssen, war ihm klar. Allein so weit waren die Verhandlungen noch nicht gediehen. Noch war er der offene Gegner Polens, noch war er der Bundesgenosse Karl Gustavs, und mit dem Kölner Erzbischofe so wie mit den braunschweigischen Fürsten im intimsten Freundschaftsverhältnisse. Unter diesen Verhältnissen, wo er um des Kaisers willen nicht energisch für, um seiner angeblichen Verbündeten und Freunde willen nicht gegen den Bund auftreten konnte und wollte, blieb ihm in der That kein anderer Ausweg offen, als der, den er gewählt hat.[1] Seine Vertreter in Frankfurt erhielten

---

[1] Für die Lage des Kurfürsten von Brandenburg in dieser Zeit vergleiche Pribram, Die Berichte des kaiserlichen Gesandten Franz v. Lisola, 1655—1660. Archiv für Kunde österreichischer Geschichtsquellen, Bd. LXX, Einleitung, p. 33 ff.

Befehl, sich von den Verhandlungen nicht auszuschliessen, sich aber zu keinen bindenden Versprechen zu versteigen, sondern Alles, was von den verschiedenen Parteien vorgebracht werde, anzuhören und darüber zu berichten. Von der Gestaltung der allgemeinen Verhältnisse, insbesondere von dem Verlaufe seiner Verhandlungen mit Polen und dem Kaiser wollte Friedrich Wilhelm es abhängen lassen, auf welche Seite er sich schlagen werde.[1]

Neben den Braunschweiger und Hessen-Cassel'schen Fürstenhäusern, neben Schweden und Brandenburg, gab es noch eine protestantische Macht, mit welcher die alliirten Fürsten in Unterhandlungen traten. Das waren die Generalstaaten der vereinigten Niederlande. Und merkwürdig genug, gerade mit dieser Macht, gegen deren Aufnahme in den Bund Niemand, wie Münster gegen Schweden, Neuburg gegen Brandenburg, aus persönlichen Gründen, sich besonders heftig auszusprechen Ursache hatte, sind die Verhandlungen zu keinem Abschlusse gekommen. Der Grund dieser Thatsache ist in den besonderen Interessen zu suchen, welche in den verschiedenen Momenten der Verhandlung die beiden Parteien bestimmten. Vielleicht ist es gestattet, die Verhältnisse, unter denen die Anknüpfung und das Scheitern der Verhandlungen erfolgte, hier des Näheren zu erörtern, da die in den Mainzer Beständen des Wiener Archives vorhandenen Conferenzprotokolle und die Correspondenz des Mainzer Gesandten im Haag eine klare Einsicht in die einzelnen Stadien der Verhandlungen ermöglichen. Im Verlaufe der in Köln zu Beginn des Jahres 1656 gehaltenen Berathungen erhob sich in einer Sitzung, als die geldrischen Abgeordneten, mit denen der Thorner Angelegenheit wegen berathen worden war, sich entfernt hatten, der Vertreter des Bischofs von Münster und hielt eine längere Rede, deren Inhalt das bislang herrschende Dunkel über die ersten Anknüpfungen mit den Staaten aufhellt und ungefähr folgendermassen lautete: Der Bischof von Münster, sein Herr, habe ihm schon vor einigen Wochen Befehl ertheilt, bei günstiger Gelegenheit den versammelten Fürsten vorzustellen, „wie sie gleich nach endigung der vorhin zue Frankfurth gehaltener conferenz mit

---

[1] Vgl. Joachim l. c. 222 und Urkunden und Acten zur Geschichte des grossen Kurfürsten, VIII, 519 ff.

Ihren gedankhen dahin umbgangen, auch in würklichen Vorschlag gebracht, ob die alliirte Chur- undt Fürsten mit den Staaten von Hollandt in eine defensive verbündnus auf sichere weiß undt maß einzulaßen und vermeinte Ihre Fürstliche Gnaden eß könte solche alliance, ob sie gleich mit den uncatholischen geschehen, bey Ihrer Päbstlichen Heyligkeit oder Ihrer K. M. desto weniger nachdenken und widriger appraehension gebehren, weilen wan man die darauß entstehende Commoda mit den incommodis ponderiren wolte, der Vortheil vor dise seith außschlagen würdte.'

Er gab zu bedenken, mit welch' unhaltbaren Behauptungen der Schwedenkönig seinen Zug nach Polen zu entschuldigen versuche und dass es demselben noch weniger an schönen Vorwänden mangeln würde, um einen oder den anderen Stand des Reiches, vornehmlich unter dem Vorwande der Vertheidigung der protestantischen Fürsten, anzugreifen; ‚dahero weilen dan Ihre Fürstliche Gnaden alß den Staaden von Hollandt negst angesessene, die beste gelegenheit gehabt, deren gedanckhen sondiren zu laßen, hetten sie solches nit außer acht gelaßen undt zwahrn anfangs erfahren, daß mehrgedachte Staaden mehrers dahin incliniret mit einem gantzen Craiß, alß einem oder andern particular Chur- und Fürsten in alliance einzutretten wie sie dan selbst zu Arnheimb darüber deliberiret auch beschloßen sich dißertwegen bey dem Nider Sächsischen oder Westphälischen Craiß zu bewerben; alß Ihnen aber dagegen die obstacula demonstriret, wie nemblichen mit Ihnen dem Nieder Sächsischen Craiß daß foedus wegen deß vom König von Schweden dabey mitführendten undt alternirendten Directorii einzugehen bedencklich fiele, bey dem Westphälischen Craiß eß auch allerhandt unrichtigkeiten abgebe undt man zue gemeiner Craißversamblung nit weniger zu dem schluß gelangen könte, hetten sie sich nit ungeneigt erklähret, mit sichern Chur- undt Fürsten verbündtlich einzuelaßen.' Er fügte ferner hinzu, der Mainzer habe sich dieser Sache nicht nur nicht abgeneigt gezeigt, sondern seinen Herrn wiederholt gedrängt, und noch jüngst habe des Kurfürsten Minister, Boineburg, von ihm zu wissen begehrt, wie weit diese Angelegenheit vorgeschritten sei. Auf diese des Mainzers Willfährigkeit bauend, sei des Bischofs Oberst Wilich, der bereits wiederholt mit den

Staaten verhandelt, nach dem Haag gesendet worden. Wilich habe auch bereits geschrieben, dass er die Angelegenheit in so gutem Stande gefunden, dass die Verbindung, falls von Seite der Alliirten keine Verzögerung verursacht würde, ohne Schwierigkeiten erfolgen dürfte. Um jedoch den Beschlüssen der Alliirten nicht vorzugreifen, habe der Bischof seinem Vertreter allsogleich die Weisung zukommen lassen, sich nicht allzuweit einzulassen, sondern den Staaten blos Mittheilung von dem bereits abgeschlossenen Bündnisse zu machen und die für beide Theile aus einer Vereinigung resultirenden Vortheile ins rechte Licht zu stellen. Er erlaube sich daher, so schloss Wiedenbrück seine Rede, im Namen seines Herrn den Stand dieser Angelegenheit den versammelten Räthen vorzulegen, damit alle Vorsichtsmassregeln getroffen würden, auf dass der Religion kein Nachtheil erwachse, eine bestimmte Anzahl der zu stellenden Mannschaft verglichen, der Krieg zu Wasser diesseits ausgeschieden, eine bestimmte Dauer der Allianz festgesetzt werde. Er hoffe, dieser Vorschlag, mit dem der Mainzer — der bei dieser Versammlung nicht vertreten war — sich bereits einverstanden erklärt und von dem er auch dem Neuburger bereits Mittheilung gemacht, werde auch den übrigen Mitgliedern der Versammlung zweckmässig erscheinen und in Kürze der Verwirklichung zugeführt werden.[1]

Nachdem der Vertreter des Bischofs von Münster geendet, erhob sich Metternich, der Bevollmächtigte des Kurfürsten Maximilian Heinrich von Köln. Seine Rede hat für die Kenntniss der vormals zwischen Köln und den Staaten schwebenden Verhandlungen besonderen Werth. Denn er begann mit der Erklärung „waßmaßen vor diesem, alß die Spanisch-Lothringisch und Condëische Völkher das Stifft Lüttig so feindtthätig überfallen und tractirt, die Staaden under der handt ihre alliance undt assistenz offerirt, die welche auch Ihrerseits auß consideration, das man dieße hülf und die commoditet der Stadt Mastricht in der nähe gehabt, andern beystandts aber von langer handt noch erwarten müßen, damalß eingangen undt beschloßen hetten, wan nit geselien, daß J. K. M. undt andere

---

[1] Münsterisch Votum bei der Conferenz zu Cölln im Januario anno 1656 gehalten. W. A. (M.). Durch dieses Votum werden alle Zweifel gelöst, welche noch Joachim l. c. 118 ff. äussert.

Catholische Chur- und Fürsten bedenklich zue sein vermeint mit den uncatholischen sich zu verbindten.' Da aber der Bischof von Münster die Angelegenheit von Neuem vorbringe, der Mainzer dazu neige, will der Kurfürst von Köln das, was Andere für gut finden, nicht schlecht heissen und ist bereit, seinerseits die Verhandlungen zu fördern, vorausgesetzt, dass die von Münster betonten Beschränkungen, zu denen der Kölner eine weitere — dass bei Streitigkeiten zwischen Spanien und den Staaten wegen der strittigen Länder an der Maas die Hilfeleistung nicht stattfinden sollte — hinzufügte, von den Staaten zugestanden würden.[1] Und ähnlich wie der Vertreter Maximilian Heinrichs erklärte sich Snell im Namen Philipp Wilhelms.[2] Nur Anethan, Karl Kaspars Bevollmächtigter, zeigte sich zurückhaltend. Er hatte von den Bestrebungen des Münsterers früher noch nichts vernommen, war daher in diesem Punkte ohne Instruction und erklärte sich daher ausser Stande, über die Intentionen seines Herrn Aufschluss zu geben. Damit hatten die Verhandlungen fürs Erste ihren Abschluss gefunden; die Besprechungen mit den geldrischen Räthen und die Berathungen über die mit dem Kaiser und dem spanischen Gouverneur der Niederlande zu pflegenden Verhandlungen füllten die Sitzungen der Fürsten im Laufe des Monates Februar aus.[3]

Erst in den Ende März 1656 wieder aufgenommenen Verhandlungen kam auch die niederländische Angelegenheit von Neuem aufs Tapet und bildete einen der vornehmsten Gegenstände der Berathung. Es waren da vornehmlich die Vertreter Triers und Münsters, welche in langen Reden ihre ganz entgegengesetzten Ansichten über die Zweckmässigkeit oder Un-

---

[1] Vgl. auch die erst nach Vollendung dieses Aufsatzes erschienenen Bemerkungen von Oskar Krebs in den Göttinger gelehrten Anzeigen 1887. 842 ff.

[2] Aus der von Snell abgegebenen Erklärung ist zu ersehen, dass der Pfalzgraf bereits gelegentlich der Frankfurter Convention mit dem Kurfürsten von Mainz über diese Angelegenheit gesprochen, noch im Jahre 1655 bei den Staaten die Sache angeregt und von diesen die Antwort erhalten hat, dass sie lieber einer Gesammtkreisverfassung beitreten würden. Da er aber — fuhr Snell fort — unlängst von dem Bischofe von Münster vernommen, dass die Staaten dem Rheinbunde beizutreten jetzt geneigter seien, habe er seinem Herrn davon Mittheilung gemacht und erwarte demnächst die Antwort. W. A. (M.)

[3] Vgl. Joachim l. c. 81 ff.

zweckmässigkeit einer mit den Staaten anzustrebenden Einigung auseinandersetzten. Es dürften verschiedene Motive gewesen sein, welche den Trierer einer Einigung mit den Staaten so abgeneigt gemacht haben. Einmal der religiöse Gesichtspunkt. Dem strenggläubigen, den irenischen Ideen Johann Philipps von Mainz abholden Karl Kaspar musste eine Einigung mit dem katholischen Oesterreich unter dem Schutze und, wie zu hoffen stand, auch mit der Unterstützung des Papstes viel geeigneter erscheinen, als der Anschluss an diese protestantische Macht, die im heftigsten Kampfe gegen das katholische Spanien ihre Selbständigkeit errungen und behauptet hatte. Aber auch politische Motive wirkten mit, dem Trierer die Verbindung mit den Staaten zu verleiden. Denn welchen Vortheil konnte er sich aus einer Einigung mit dem selbstsüchtigen Handelsvolke versprechen? Und zu alledem kam noch eine gewisse angeborene Abneigung gegen jeden weitgehenden Plan. Trotz alledem hätte aber die Rücksichtnahme auf den allgemeinen Wunsch und die Erkenntniss der Erfolglosigkeit einer Opposition in diesem Punkte den Kurfürsten bewegen müssen, seine Abneigung gegen die Verbindung mit den Staaten in einer etwas weniger schroffen Weise zum Ausdrucke zu bringen als Anethan, der trierische Kanzler, dies in der Sitzung vom 28. März gethan hat. In der That scheint denn auch die Rede Anethan's mehr der Ausdruck der persönlichen Auffassung des Oesterreich ganz ergebenen trierischen Kanzlers, als die feste Meinung des Kurfürsten gewesen zu sein. Denn Anethan begann damit, dass er den versammelten Rathgebern vor Augen führte, ‚wie die Staaten die Reichsstätte vom Reich abgezwackt und die Catholische religion vernachtheiligt, daß die foedern cum potentioribus gefehrlich und die Staaten vorhin mit Churbrandenburg in Verbündtnus, welches noch nicht cassirt, stünden'. Und im weiteren Verlaufe seiner Rede wies er auf die Gefahren hin, welche den Alliirten aus einer Einigung mit den Staaten erwachsen könnten, die ja in Feindschaft mit Schweden und anderen Mächten stünden, und im Falle eines Angriffes die Hilfe der Verbündeten energisch fordern, um Unterstützung angerufen aber die Achseln zucken würden. Es war so recht eine Vertheidigung der eigenen Bestrebungen und der Politik der Holländer, mit welcher der Vertreter Münsters, der sich unmittelbar, nachdem Anethan geendet, erhob, diesem entgegentrat. Die Neigung der Staaten — so erklärte er — sich mit den deutschen Fürsten zu einigen, entspringt dem Wunsche, gemeinsame Massregeln zur Sicherung des beiderseitigen Besitzes zu ergreifen; von selbstsüchtigen Motiven kann nicht die Rede sein. Und wenn Anethan die Befürchtung ausgesprochen hatte, es werde dem Brandenburger durch dieses Bündniss der Alliirten mit den Staaten die Gelegenheit zur Durchführung ähnlicher Pläne, wie der gegen Neuburg gewesen, gegeben werden, so wusste der Vertreter des Münsterers diese Befürchtung dadurch zu beseitigen, dass er erklärte, es würden in einem solchen Falle schon den Bestimmungen der Allianz gemäss die Alliirten genöthigt sein, Neuburg als den Angegriffenen, nicht aber das angreifende Brandenburg zu unterstützen.[1] Wenige Tage darauf langte die Antwort Karl Kaspars ein, in welcher er erklärte, auf die neuerlichen Bitten der Alliirten hin, seine Einwilligung zu den Verhandlungen geben zu wollen. Es mag seinem Kanzler schwer geworden sein, diese Erklärung kund zu thun, denn sie enthielt, wenn auch in etwas zurückhaltender Form, die Billigung des Planes und die Anerkennung der bereits gepflogenen Verhandlungen und zu gleicher Zeit das Versprechen, falls die weiteren Unterhandlungen einen günstigen Verlauf nehmen sollten, sich von den übrigen Alliirten bezüglich der in dieser Angelegenheit zu fassenden Beschlüsse nicht trennen zu wollen.[2] Mit dieser Erklärung des Trierers war die principielle Frage der Zweckmässigkeit des Anschlusses an die Staaten entschieden. Sogleich begann der Vertreter Münster's mit Vorschlägen für die Aufnahme der Verhandlungen. Er betonte, wie schon vordem, die Nothwendigkeit, die Rücksicht auf die Religion nicht ausser Acht zu lassen, trat für die Fixirung der Dauer des Bundes auf eine bestimmte Zeit ein, empfahl 'die Völker auf den Fuss des Simplum zu nehmen' und die Unterstützung auf den Kampf zu Lande einzuschränken. Zwei Tage später legte der Vertreter Kölns die im Auftrage

---

[1] Conferenzprotokoll vom 28. März 1656. W. A. (M.). Der Neuburger erklärte, sein Herr sei im Principe geneigt, in Verhandlungen einzutreten, betonte aber die Nothwendigkeit den streng defensiven Charakter des abzuschliessenden Bündnisses zu wahren.

[2] Conferenzprotokoll vom 9. April 1656. W. A. (M.)

seines Herrn verfasste Instruction vor. Dieselbe wurde im allgemeinen gut geheissen, nur Anethan erhob von Neuem Bedenken und brachte Zusätze und Abänderungen in Vorschlag.[1] Zur Absendung dieser Instruction kam es aber nicht; die im Haag weilenden Vertreter der Alliirten erhielten nur Befehl, sich über die Stimmung der Staaten zu orientiren und was sie erfahren würden, alsogleich zu berichten. Was die eigentliche Ursache dieses zögernden Benehmens gewesen, ist nicht zu ersehen. Vermuthlich dürften auch zur Erklärung dieser Thatsache neben einigen allgemeinen Gründen, zu denen die Rücksicht auf die katholischen Mächte und die Furcht vor einem offenen Conflicte mit dem von Tag zu Tag mächtiger werdenden Schwedenkönig gezählt werden müssen, noch eine Reihe den Privatinteressen der Alliirten entspringende Gesichtspunkte heranzuziehen sein. Thatsache ist, dass, als die Alliirten — mit Ausnahme des Kurfürsten von Köln — im September 1656 in Köln zu neuen Berathungen zusammentraten, die Angelegenheit kaum über die ersten Stadien hinausgerathen war. Und was dann im Verlaufe dieser im Monate September gehaltenen Besprechungen in der staatischen Allianzfrage vorgebracht wurde, liess nur erkennen, dass die divergirenden Meinungen, die gelegentlich der ersten Berathungen über diese Angelegenheit geäussert worden waren, noch jetzt vorherrschten. Denn auch hier war es der Bevollmächtigte des Kurfürsten von Trier, der in erster Linie von jeder Anknüpfung mit den Staaten abrieth, auch hier der Vertreter des Bischofs von Münster, der in beredter Weise für die Verhandlungen mit den Staaten eintrat und die gewaltige Macht Karl Gustavs geschickt zu einem der vornehmsten Gründe für die Anlehnung an die Staaten zu verwerthen wusste.[2] Mag es nun Furcht vor Schweden, mag es Misstrauen in die Absichten der Staaten, oder der Wunsch gewesen sein, sich in einer Zeit die Hände nicht zu binden, wo jeder Tag eine gewaltige Umwälzung der allgemeinen Lage bringen konnte, was jedes energische Vorgehen ver-

---

[1] Conferenzprotokoll vom 11. April 1656. W. A. (M.)
[2] Conferenzprotokoll vom 16. September 1656. W. A. (M.) Was ich hier nach den Conferenzprotokollen über die Haltung Münsters sage, stimmt wenig mit dem überein, was Joachim l. c. 124 geäussert hat. Münster war im September wie im Januar das treibende Element.

hinderte, gewiss ist, dass das Resultat der Kölner Besprechungen durchaus nicht den Erwartungen entsprach, welche die Freunde und Förderer der Allianz mit den Staaten hegten und hegen mussten. Denn wie im April wurde auch im September beschlossen, die Instruction der Gesandten dahin zu beschränken, dass dieselben sich mit den Vertretern der Staaten über Ort und Zeit der Aufnahme der eigentlichen Verhandlungen einigen, im Uebrigen aber sich nur auf geheimem Wege eine genaue Kenntniss von den wahren Plänen der Staaten verschaffen sollten.[1] Zu einer solchen hatten es nun die im Haag weilenden Vertreter Münsters und Neuburgs Oberst Wilich und Freiherr von Viermund zu Neersen bereits gebracht. Unter dem 31. October 1656 berichtete letzterer von der dem Bündnisse mit den Alliirten günstigen Stimmung der Staaten, die den mit Schweden geschlossenen Vertrag[2] noch nicht ratificirt hätten, Karl Gustav durchaus nicht freundlich gesinnt seien, und fügte vielleicht nicht ohne Absicht hinzu, diejenigen Staatsmänner Hollands, die allem Anscheine nach eine wahre Neigung zum Bunde mit den Alliirten zeigten, hätten im beiderseitigen Interesse einen möglichst raschen Abschluss der Allianz empfohlen.[3] Allein auch diese Nachrichten hatten nicht den erwünschten Erfolg, und es bedurfte vieler Schreiben und Bitten, bis es endlich dem Pfälzer gelang, eine auf Grundlage des Kölner Entwurfes verfasste Interimsinstruction und die Creditive für die im Haag befindlichen Vertreter der vereinigten Fürsten in die Hände derselben gelangen zu lassen.[4] Die endgiltige Instruction festzustellen

---

[1] Conferenzprotokoll vom 19. September 1656. W. A. (M.) Der §. 5 des Recesses vom 24. September 1656 enthält die diesen Mittheilungen entsprechende Verfügung. Joachim l. c. 125.

[2] Gemeint ist der Eblinger Vertrag vom 1. September 1656.

[3] Schreiben Neersen vom 31. October 1656. W. A. (M.)

[4] Schreiben Philipp Wilhelms an den Kurfürsten von Mainz vom 4. November um Instruction und Creditiv für die nach dem Haag zu sendenden Vertreter. W. A. (M.). Mainz erklärt in seiner Antwort vom 10. November W. A. (M.), er sei im Principe mit der Absendung einverstanden, habe aber mit der Fertigung der Instruction gezögert, weil er Nachricht erhalten, dass die Mitverbündeten, insbesondere Trier noch anstünden, diese Sendung gutzuheissen, mit Ausnahme des Pfalzgrafen auch Niemand den Kölner Abschied ratificirt habe. Er räth deswegen Verschiebung der Instructionsausfertigung auf die nach Frankfurt oder

wurde einer neuen Conferenz vorbehalten, für deren Zusammentritt insbesondere der Mainzer eifrigst sich bemühte. In der That hat denn auch die holländische Allianzfrage einen der Hauptpunkte der in Coblenz zu Ende des Jahres 1656 gepflogenen Berathungen gebildet.[1] Es würde die Mühe nicht lohnen, dem Gange derselben bis ins Einzelne zu folgen. Wesentliche, neue Ideen sind nicht vorgebracht worden. Der ganze Unterschied gegenüber den früheren Besprechungen lag darin, dass den vielfältigen Entgegnungen Triers, dessen Vertreter heftiger als je gegen die Einigung mit den Holländern „als einem ohnedass auswärtigen und der widrigen Religion zugethanen Stand" sprach, keine Beachtung geschenkt wurde. Der Kölner, Mainzer und Neuburger erklärten rundweg, die quaestio an? sei bereits entschieden; es gelte nun, über die Bedingungen sich zu einigen, unter denen man die Aufnahme der Staaten in den Bund genehmigen könne.[2] Darauf wurde der kölnische Entwurf der Instruction verlesen. Jeder der anwesenden Vertreter sprach sodann seine Bedenken gegen einzelne Punkte aus und führte einige ihm nothwendig erscheinende Ergänzungen an.[3] Aber all das in überaus zögernder und widerspruchsvoller Weise, die jene schmerzlich empfinden mussten, denen eine energische Durchführung der Sache am Herzen lag. „Man kann sich — so schrieb einer dieser Männer, Herzelles — kaum einen Begriff von der Betrübniss machen, von der man bei den Verhandlungen mit diesen Leuten erfüllt wird, auf die man sich nicht eine Stunde lang verlassen kann."[4] Erst als die Schreiben der im Haag weilenden Vertreter der Alliirten in Coblenz eintrafen,

---

Coblenz zusammenzuberufende Versammlung an. Unter dem 22. November theilt dann der Pfälzer dem Mainzer mit, dass er sich mit dem Kölner in der Instructionsfrage geeinigt; Köln habe die Präliminarinstruction unterzeichnet.

[1] Conferenzprotocoll vom 18. December an fast täglich bis 29. December 1656. W. A. (M.). Vgl. für das Ergebniss dieser Versammlung im Allgemeinen den Recess vom 18. Januar 1657 im Anhange.

[2] Conferenzprotokoll vom 20. December 1656 W. A. (M.)

[3] Conferenzprotokolle vom 21., 24. und 26. December. W. A. (M.)

[4] Schreiben Herzelles an Boineburg, ddo. Coblenz. 21. December 1656 W. A. (M.) Vix concipi potest, qua cordis contristione cum his hominibus agatur, de quibus ne horam constantem promittere quis queat, laudo ferme hactenus prae omnibus Coloniensem, nescio tamen quid vesper ferat.

welche die Antwort der Staaten auf die am 5. December von Viermund und Wilich gegebenen Erklärungen enthielten und die in ihrer Allgemeinheit von den Alliirten fälschlich günstiger aufgefasst wurden, als sie gemeint waren,[1] wurde die Frage der Instructionsausfertigung etwas lebhafter erörtert und nach langen Berathungen, bei denen insbesondere der von Trier aufgeworfene Punkt der Repressalien Anlass zu heftigen Debatten gab,[2] die Instruction endlich fertiggestellt. Der wesentliche Inhalt dieses langathmigen Documentes bestand darin, dass den Vertretern der Alliirten aufgetragen wurde, als Hauptpunkte der Einigung gegenseitige Hilfeleistung im Falle der Gefahr, Verzicht auf jeden den Interessen der Mitverbündeten schädlichen Vertrag, friedliche und schleunige Austragung der zwischen Unterthanen beider Parteien bestehenden Streitigkeiten vorzuschlagen, den Staaten eine Hilfeleistung seitens der Alliirten von 3000 Mann zu Fuss und 1000 Reitern anzutragen, welche sie um 400—500 Mann zu erhöhen ermächtigt waren, zu gleicher Zeit aber von den Staaten eine Gegenhilfeleistung von 4500 Mann zu Fuss und 1333 Reitern zu fordern.[3] Kaum war aber die Instruction fertiggestellt, so erklärte der Vertreter des Bischofs

---

[1] Es liegt mir das Schreiben Viermunds an den Neuburger vom 22. December vor, W. A. (M.), in welchem Viermund meldet, dass die Antwort der Staaten erfolgt sei (Inhalt bei Joachim 129), und dass er so viel vernommen, dass die Deputirten von Friesland allein nicht eingestimmt sondern erklärt hätten, dieserhalb nicht instruirt zu sein, zu gleicher Zeit aber betont, dass solches Werk ohne aller Provinzen Consens und Miteinstimmung nicht vorgenommen, noch weniger fortgesetzt werden sollte. Die Gutgesinnten hätten jedoch hervorgehoben, dass auch wegen des zu Münster mit Spanien geschlossenen Friedens nicht alle Provinzen eingestimmt hätten; im Uebrigen sei die quaestio an? bereits entschieden. In einem vom selben Tage datirten Schreiben Viermund's, das mir in copia vorliegt, W. A. (M.), berichtet Viermund über seine mit dem Vertreter Spaniens im Haag gepflogene Unterredung. Dieser meint, die vorgeschlagene Allianz werde als eine blos defensive seinem Könige nicht unangenehm sein, er zweifle aber auch nicht, dass die Staaten in den Vertrag die Aufnahme eines Artikels gestatten würden, des Inhaltes, dass die alliirten Kur- und Fürsten nicht gehalten sein sollen, gegen Spanien zu agiren, zumal die Staaten ihr Einverständniss mit Spanien noch täglich verspüren liessen.

[2] Vgl. Joachim 131.

[3] Die Hauptpunkte dieser Instruction bei Joachim l. c. 130.

von Münster, welcher der Versammlung nicht beigewohnt hatte, sein Herr könne sich mit wesentlichen Punkten derselben nicht einverstanden erklären.[1] Es war in dieser Lage noch der beste Ausweg, den des Mainzers Vertreter wählte, indem er den versammelten Abgeordneten vorschlug, in aller Eile eine Präliminarinstruction an die im Haag befindlichen Gesandten aufzusetzen und die Berathungen über die definitive Instruction neuerdings zu verschieben.[2] In der That wurde am folgenden Tage die Präliminarinstruction ausgefertigt, welche in ihrer Allgemeinheit allerdings den Interessen keines der Alliirten zu nahe trat, aber ebensowenig geeignet war, die Durchführung der Verhandlungen zu fördern. Die Gesandten sollten sich, so lautete der wesentliche Inhalt derselben, bis längstens am 4. Februar im Haag versammeln, ihre Credenzschreiben abliefern, die Verhandlungen beginnen, aber nur von einer materiellen Defensionsverfassung sprechen, kraft deren jeder Theil dem anderen Unterstützung bei jedem Angriffe zusichere. Ueber die Höhe der beiderseitigen Hilfeleistungen, sowie über alle Dinge, welche Religions-, Staats- und Seesachen betreffen, sollten sie jedoch vorerst Unterhandlungen vermeiden.[3] Wir sehen, viel weiter als im April 1656 war man im Frühjahre 1657 nicht. Aber selbst diese Abordnung erfolgen zu lassen, beeilten sich die Alliirten nicht. Erst Anfangs März begaben sich die Vertreter des Mainzer Kurfürsten Greiffenclau und Otto von Herzelles, welche auch für Trier zu stimmen bevollmächtigt waren, nach dem Haag.[4] Den Verhandlungen, die dann im Frühjahre 1657 daselbst gepflogen wurden, bis ins Einzelne zu folgen würde die Mühe nicht lohnen. Denn schon in dem Moment, als die Vertreter Johann Philipps im Haag eintrafen, war die Frage, ob es zu einer Einigung kommen werde oder nicht, im negativen Sinne erledigt. Und weniger den Differenzen der Staaten mit dem Pfälzer wegen der in Nordbrabant an den Ufern der Maas hingelagerten Herrschaft Ravenstein und den Verwicklungen des Bischofs von Münster mit den Staaten, die durch

---

[1] Conferenzprotokoll vom 15. Januar 1657, W. A (M.).
[2] Conferenzprotokoll vom 15. und 16. Januar 1657. W. A. (M.).
[3] Präliminarinstruction vom 16. Januar 1657, W. A. (M.).
[4] Eigentlich war Greiffenclau der Hauptgesandte, Herzelles sein Begleiter, nicht umgekehrt, wie man nach Joachim l. c. 132 annehmen sollte.

das Verhältniss des Bischofes zur Stadt Münster hervorgerufen waren, als der gänzlich veränderten Weltlage wird es, wie wir meinen, zuzuschreiben sein, dass die lange geführten Verhandlungen endlich im Herbste 1657 im Sande verliefen. Denn für die Generalstaaten hatte die Allianz mit den rheinischen Fürsten in diesem Augenblicke keinen Sinn mehr. In dem Zeitraume, der seit der ersten Anknüpfung der beiden Parteien verstrichen war, hatte sich in der Stellung der Staaten zu den übrigen Mächten Europas eine derartige Umgestaltung vollzogen, dass selbst jene Männer, welche früher der Verbindung das Wort geredet, nunmehr sich ablehnend verhielten, da sie einen Vortheil für ihre Interessen aus einer Einigung mit den deutschen Fürsten nicht zu ersehen vermochten. Als Wilich zu Ende des Jahres 1655 im Namen des Münsterer Bischofs mit den Staaten über einen näheren Anschluss dieser an die Unterzeichner des Kölner Recesses vom 15. December 1654 zu verhandeln begann, hatten sich die Staaten in einer äusserst bedrängten Lage befunden. Mit England hatten sie vor Kurzem einen Frieden geschlossen, der ihnen trotz aller Opfer den erwünschten Erfolg, die Aufhebung der von Cromwell vornehmlich gegen die Holländer erlassenen Navigationsacte, nicht brachte und ihrem Handel im westlichen Europa und den aussereuropäischen Ländern empfindlichen Abbruch that. Und zu gleicher Zeit drohte der kühn vordringende Schwedenkönig, durch die Eroberung Preussens und dessen Häfen, insbesondere Danzigs, die Herrschaft der Ostsee an sich zu reissen und damit die Staaten in diesen Regionen auf das Härteste zu treffen. Dass es in diesem Momente, wo die Staaten an eine Vertheidigung ihrer Rechte mit bewaffneter Hand dachten, wo sie mit Polen, Dänemark und Russland in Verhandlungen getreten waren, wo sie mit dem Kurfürsten von Brandenburg bereits ein gegen Schweden gerichtetes Bündniss abgeschlossen hatten, den Alliirten nicht schwer geworden wäre, die Staaten unter den Verbündeten günstigen Bedingungen zum Eintritte in die Liga der Rheinfürsten zu vermögen, scheint klar. So aber, da diese die günstige Gelegenheit vorübergehen liessen und bald darauf der Brandenburger, von den Holländern nur lau unterstützt, von den Polen in seiner Existenz bedroht, sich dem Schwedenkönige in die Arme warf, fanden sich auch die

Generalstaaten, innerhalb derer von allem Anfang an eine grosse Partei für den Frieden mit Schweden und den Kampf gegen Spanien eingetreten war, bereit, mit Karl Gustav in Unterhandlungen zu treten, nach deren glücklicher Durchführung die Verbindung mit den Rheinfürsten den Staaten ebenso überflüssig erscheinen musste, als in dem Falle, wenn sie mit dem Kaiser und Schwedens übrigen Gegnern — die alle zu gleicher Zeit Feinde des Rheinbundes waren — eine engere Allianz eingiengen.

Am 23. März 1657 liessen die Alliirten durch ihre Vertreter ihre Proposition überreichen.[1] Auf den Inhalt derselben und der am 9. April erfolgten Antwort der Generalstaaten[2] einzugehen, ist überflüssig, da es zu ernsten Debatten gar nicht kam. Dass es die Staaten damals nicht zum Abbruche der Verhandlungen kommen liessen, hatte seine Gründe vornehmlich darin, dass gerade in diesen Tagen der Conflict, in den sie mit Frankreich ob der gegenseitigen Caperei gerathen waren, bedenklich zu werden begann und die Stellung Oesterreichs, Dänemarks und Brandenburgs zu Schweden und Polen noch nicht mit Sicherheit anzugeben war. So lange in diesen Fragen die Entscheidung noch nicht getroffen war, lag es im Interesse der Staaten, die Vertreter der Alliirten mit schmeichelhaften Erklärungen hinzuhalten und die Verzögerung einer entscheidenden Antwort mit der auch wirklich bestehenden langsamen Geschäftsgebahrung, die durch die Ueberweisung der zu berathenden Gegenstände an die Provinziallandtage herbeigeführt wurde, zu entschuldigen.[3] Wie sehr sich aber die Vertreter der alliirten Fürsten über die wahren Gesinnungen der Staaten täuschten, zeigt die uns erhaltene Correspondenz des kurmainzischen Vertreters, Otto von Herzelles, welche von der festen Ueberzeugung einer günstigen Durchführung der Verhandlungen beherrscht ist.[4] Insbesondere verstand es der Pensionär de Witt,

---

[1] Vgl. Joachim l. c. 133.
[2] Vgl. Joachim l. c. 133. Anm.
[3] Vgl. Joachim l. c. 134 ff.
[4] Ich hebe aus dieser Correspondenz Einiges hervor. Nachdem Herzelles in einem Schreiben vom 23. März 1657 seine Ankunft und die Audienz bei den Generalstaaten gemeldet, am 27. von der Uebergabe der Proposition berichtet, heisst es in seinem an Boineburg unter dem 10. April

Herzelles von den reellen Absichten der Staaten überhaupt und Hollands insbesondere zu überzeugen. Erst spät erkannte Herzelles, wie sehr er sich getäuscht, und als er dann, des langen Wartens müde, nachdem die von den Alliirten auf Grund der ihnen am 21. Juni gegebenen Antwort der Staaten ausgearbeiteten veränderten Propositionen übergeben worden waren, von Neuem de Witt um rasche Erledigung drängte, begann der holländische Staatsmann mit den sich ergebenden Schwierigkeiten herauszurücken. Er betonte die Geneigtheit der Holländer das Bündniss mit den Rheinfürsten abzuschliessen, fügte aber hinzu, er könne Herzelles nicht verhehlen, dass einige Staaten Bedenken trügen, sich in eine Allianz mit Fürsten einzulassen, die sämmtlich Anhänger der römischen Kirche seien. Und als Herzelles auf den bevorstehenden Eintritt Braunschweigs und Hessen-Cassels hinwies und die Einfügung eines Artikels in die Allianz vorschlug, nach welchem auch anderen protestantischen Fürsten der Beitritt freistehen sollte, ging de Witt in seinen Eröffnungen um einen Schritt weiter. ‚Ich weiss,' sagte

---

gerichteten Schreibens über das staatische Project; ‚Exceptio religionis ist in diesem project nicht vorgebracht, aus ursachen die mein hochgeehrter Herr sonderst wohl weiss, neque enim est ulla relatio foederis defensivi contra vim extraneam et protestatio non turbandae religionis inter partes de vi externa propulsanda contrahentes, non enim de iuribus nostris, quae mutuo disputare possumus, tradamus, sed de conservatione adversus potentiores vel certe animosiores; quaeso te Patrone mi optime, quam hoc ridiculum foret, nolo ut ille mihi auxiliarem manum praebeat, quia Iudaeus est, interim sic volunt falli homines.'

Am 18. April berichtet Herzelles über die mit den übrigen Vertretern der Alliirten gehaltenen Berathungen; es handelt sich dabei vornehmlich um das bei den Verhandlungen mit den Staaten betreffs der Handelspunkte einzuschlagende Verfahren, falls die Staaten die Aufnahme dieses Punktes in die Allianz fordern sollten. Herzelles trat für die Trennung der beiden Angelegenheiten und die gesonderte Behandlung derselben ein, vornehmlich weil er bezüglich der Handelsangelegenheiten langwierige Verhandlungen voraussah, und die Verzögerung des Abschlusses des Defensivbündnisses fürchtete. Seiner Aeusserung schlossen sich die übrigen Vertreter der Alliirten an. In den nächsten Schreiben vom 15. Mai und 28. Juni berichtet Herzelles von dem langsamen Fortschreiten der Allianzverhandlungen; am 6. Juli dagegen erklärt er, an der von Neersen behaupteten Einigung der Staaten mit Frankreich und England sei kein wahres Wort, die Provinz Holland sei vielmehr sehr für den Eintritt in den Bund der Rheinfürsten.

er Herzelles, ‚dass die Religion auch offt zum practext allein genommen würdt. Allein alles recht offen zu sagen, es seindt viell die gern sehen Churbrandenburg mit in diese Allianz gezogen.'¹ Das eigentliche Motiv des zurückhaltenden Benehmens hat de Witt auch damit nicht enthüllt. Der wahre Grund war, dass durch die eingetretenen Ereignisse die Einigung der Staaten mit den Rheinfürsten überflüssig und überdies mit den Entschlüssen, die sie gefasst, auch schwer vereinbar wurde. Denn der Ausbruch des schwedisch-dänischen Krieges, der enge Anschluss Oesterreichs an Polen, die immer klarer zu Tage tretende Erkaltung der Beziehungen Friedrich Wilhelms zu Karl Gustav und das siegreiche Vordringen der Russen hatte die Staaten vermocht, zu jener Politik zurückzukehren, die sie zu Beginn des schwedisch-polnischen Conflictes vertreten hatten. Indem sie sich aber mit dem Brandenburger und dem Kaiser zu gemeinsamem Vorgehen gegen den gemeinsamen Gegner einigten, war der Eintritt in einen Bund, der damals seine Spitze bereits deutlich gegen den Kaiser kehrte, eine Sache der Unmöglichkeit geworden, und diesen allgemeinen Verhältnissen und nicht den besonderen, zwischen den Staaten einer-, Münster und Neuburg andererseits bestehenden Differenzen wird es, wie wir meinen, zugeschrieben werden müssen, dass die Staaten die nur lau geführten Verhandlungen im Laufe des Herbstes 1657 gänzlich abbrachen.²

III.

Es ist eigentlich merkwürdig, dass man bis auf die neueste Zeit in Frankreich das treibende Element der ganzen Allianzangelegenheit — insbesondere seit dem Tode Ferdinand III. — gesehen und den späten Abschluss des Bündnisses zumeist ungünstigen äusseren Verhältnissen und dem Zögern der deutschen Fürsten zugeschrieben hat, den Feind der Habsburger in die zur Wahrung des schwer errungenen und noch schwerer aufrecht zu erhaltenden Friedens bestimmte Einigung aufzu-

---

[1] Bericht Herzelles' vom 13. Juli 1657. W. A. (M.)
[2] Ich glaube, diese Gesichtspunkte sind von Joachim zu wenig in Betracht gezogen worden.

nehmen.¹ Und um so befremdender muss dies erscheinen, als die einfache Erwägung, wie wenig zu den von Frankreich beim Tode Kaiser Ferdinand III. geplanten Unternehmungen die von den deutschen Fürsten unter Leitung des Mainzer Kurfürsten gegründete Liga passte, zu dem Schlusse hätte führen müssen, dass die französische Regierung bis zu jenem Momente, wo die Wahl Leopold I. entschieden war, ganz gegen ihr eigenes Interesse gehandelt hätte, wenn sie für den Abschluss des Bündnisses energisch eingetreten wäre. Als die Nachricht vom Tode Ferdinand III. in Paris einlief, da war es nur ein Gedanke, der den Leiter der französischen Politik erfüllte, der Gedanke, den im Laufe der Jahrhunderte wiederholt unternommenen, niemals geglückten Versuch von Neuem zu wagen, dem Hause Habsburg die Kaiserkrone zu entreissen, welche seit mehr als 200 Jahren ununterbrochen die Sprossen dieses Geschlechtes schmückte und in deren Besitz sie sich schon erblich dünkten. ‚Die Nachricht vom Tode des Kaisers, schrieb Mazarin in seiner Instruction an die beiden, im Interesse Frankreichs seit längerer Zeit in Deutschland thätigen Männer, den Prinzen von Homburg und Gravel, unmittelbar unter dem Eindrucke des grossen Ereignisses, hat die Lage der Dinge vollkommen verändert; was der König von Frankreich fordert, wird jetzt um so leichter durchzusetzen sein. Der Tod des Kaisers ist gewiss mit durch die Drohungen der Spanier und ihre Bemühungen, den Kaiser zum Treubruche zu verleiten, herbeigeführt worden. In jedem Falle ist sein Ende ein Zeichen des Himmels, und der König von Frankreich ist der Hoffnung, dass die Fürsten des deutschen Reiches diese Gelegenheit, welche günstiger ist wie irgend eine seit 100 Jahren, benützen werden, um sich zu befreien und ganz Europa den Beweis zu liefern, wie unrichtig es ist, was ein Spanier vor wenig Jahren auf einer Versammlung gesagt hat, dass die Mehrzahl der Fürsten durch ihre Geburt Fürsten seien, andere durch Wahl zu dieser

---

¹ So neuestens noch Joachim l. c. 256. Sodann aber wurde in zweiter Reihe den Vertretern der Krone die Beförderung einer Allianz zur Pflicht gemacht (vgl. auch 339); doch ist anzuerkennen, dass Joachim, soweit die von Valfrey mitgetheilten Stellen aus Lionne's Correspondenz es gestatteten, sich von unrichtiger Auffassung der französischen Bestrebungen fernzuhalten verstanden hat. Vgl. Valfrey l. c. 358 f.

Würde gelangen, wie der König von Polen und der Doge von Venedig; dem Kaiser aus dem Hause Habsburg aber seit langer Zeit das Recht, sich seinen Nachfolger zu bestimmen, den Kurfürsten aber nur das Recht der Bestätigung der kaiserlichen Wahl zustehe.[1] Und was nun auch immer die Gedanken Mazarin's über die Person gewesen sein mögen, der die Kaiserkrone nach Ausschluss des habsburgischen Hauses zufallen solle,[2] in jedem Falle musste die rheinische Liga in dem von Johann Philipp geplanten Sinne den Franzosen lästig und hinderlich werden. Denn wozu konnte diese Allianz, wenn — wovon ausgegangen wurde — ein Nicht-Habsburger Kaiser wurde, dienen, als zur Schmälerung der Macht Frankreichs, das in jedem Falle, sei es, dass Ludwig XIV. oder ein von ihm gänzlich abhängiger Fürst den Kaiserthron bestieg, die Leitung der deutschen Angelegenheiten und damit die gänzliche Niederwerfung des verhassten Nebenbuhlers um die Suprematie in Europa erhoffen durfte. Und da nun die Leiter der französischen Politik fest entschlossen waren, die Wahl eines Habsburgers unter allen Umständen zu verhindern, so war es selbstverständlich, dass von dem Momente des Todes Ferdinand III. an das Bestreben Frankreichs darauf gerichtet war, das Zustandekommen der Liga so lange zu verzögern, bis die Entscheidung in der Wahlfrage dem französischen Hofe Klarheit darüber geben konnte, ob die Durchführung des Bundesgedankens den Interessen Frankreichs entsprach oder nicht.

In der That lassen sich denn auch, innerhalb der Verhandlungen, die Frankreich im Laufe der Jahre mit den deut-

---

[1] Zweite Instruction für den Prinzen von Homburg und Gravel, 27. April, Pariser Archiv des affaires étrangères, P. A. Allemagne, Vol. 135.

[2] Es sind über die Frage, in welchem Sinne Mazarin die Wahlverhandlungen geleitet hat, seit Brienne und Voltaire so viele Ansichten differirender Natur geäussert worden wie über wenige andere. Nachdem in letzter Zeit die Ansicht sich allgemeiner Geltung erfreut hatte, dass Mazarin niemals ernstlich an die Erwerbung der Kaiserkrone für Ludwig XIV. gedacht habe, ist durch den neuen Aufsatz Chéruels in den Comptes-rendus de l'Académie des sciences morales et politiques 1886 die gegentheilige Auffassung vertreten worden. Studien in den französischen Archiven, die ich ohne Kenntniss des Chéruel'schen Aufsatzes machte, haben mich zu denselben Resultaten geführt, auf deren Begründung ich, gestützt auf neue Mittheilungen, die Chéruel entgangen sind, in anderem Zusammenhange zurückzukommen gedenke.

schen Fürsten in der Allianzfrage gepflogen, drei Phasen unterscheiden, deren erste bis zum Tode Ferdinand III., deren zweite bis zum Siege Leopold I. in der Wahlfrage — Januar 1658 — und deren dritte bis zum Abschlusse der Allianz vom 15. August 1658 reicht.

Es kann nicht meine Aufgabe sein, hier in das Detail dieser Verhandlungen einzugehen. Einerseits würde das, wie ich denke, viel zu weit führen, andererseits aber bin ich nicht in der Lage, das Dunkel, das über die ersten Anknüpfungen speciell herrscht, in allen Stücken aufzuhellen.[1] Das jedoch glaube ich mit Hilfe der mir zu Verfügung stehenden Documente mit Bestimmtheit behaupten zu dürfen, dass die Verhandlungen innerhalb dieses ersten Zeitraumes über ein vorbereitendes Stadium nicht hinausgekommen sind.

Welches die Gesichtspunkte waren, von denen Mazarin sich leiten liess, als er in die langwierigen und kostspieligen Verhandlungen mit den Fürsten Deutschlands willigte, darüber kann kein Zweifel bestehen. Nicht Rücksichtnahme auf das Wohl und die Bedürfnisse des deutschen Reiches — wovon Mazarin und seine Vertreter nicht müde wurden zu sprechen — sondern einzig und allein der Gedanke, an den verbündeten Fürsten Genossen und Werkzeuge für den Sturz des Habsburgers zu finden, hat Mazarin veranlasst, den deutschen Verhältnissen eine besondere Aufmerksamkeit zu schenken. Insbesondere von dem Momente an, da nach dem Tode des jugendlichen römischen Königs Ferdinand IV. — 1654 — von Neuem der Kampf um die Kaiserkrone entbrannte, war das Bestreben Mazarin's darauf gerichtet, die unter den deutschen Fürsten lange Zeit schon vorhandene und durch das Benehmen Ferdinand III. noch gesteigerte Unzufriedenheit mit dem kaiserlichen Regimente für seine Interessen auszunützen. Die Möglichkeit, auf rechtlichem Wege die Unterstützung deutscher Fürsten zu suchen, war ja durch den nicht in letzter Linie durch die Befürwortung Frankreichs in den münsterischen Friedenstractat aufge-

---

[1] Ich habe die Acten des Pariser Archives eingehend erst vom Jahre 1657 durchforscht; eine genaue Durchforschung der Acten für die Jahre 1655 und 1656 würde sich zur endgiltigen Abschliessung dieser Frage wohl sehr empfehlen.

nommenen Passus, ‚dass es allen Ständen zu jeder Zeit freistehen solle, unter sich selbst oder mit auswärtigen Mächten Bündnisse zu schliessen und Verbindungen einzugehen zu eines jeden Conservation und Sicherheit', gegeben, und an Anlass zum Abschlusse solcher ‚zur Sicherheit nothwendiger Bündnisse' hätte es Frankreich auch dann nicht gefehlt, wenn Ferdinand III. nicht durch die Unterstützung der mit den Franzosen noch immer Krieg führenden Spanier Mazarin die Sache überaus erleichtert hätte. Am meisten Entgegenkommen fand der Cardinal bei den Kurfürsten von Brandenburg und der Pfalz. Mit dem ersteren war in jenen Tagen, da er, durch die Verhältnisse genöthigt, sich dem Schwedenkönige in die Arme geworfen hatte, ein Vertrag geschlossen worden, kraft dessen Mazarin der Zustimmung Brandenburgs in allen schwebenden und künftigen Fragen sicher zu sein glaubte,[1] und mit dem letzteren war ein Abkommen getroffen worden, durch das sich Karl Ludwig verpflichtete, alle Pläne Frankreichs in Deutschland zu fördern. Unter den Alliirten war es insbesondere Philipp Wilhelm von Neuburg, der den Eintritt Frankreichs in den Rheinbund, neben persönlichen Motiven auch ob seines tiefen religiösen Gefühls befürwortete und zu vermitteln suchte,[2] ein Streben, in welchem er in der ersten Zeit bis zum Tode Kaiser Ferdinand III. bei dem Mainzer heftigeren Widerspruch fand, als im Allgemeinen angenommen wird. Dass aber in dieser Zeit der Gedanke, Frankreich in den Bund aufzunehmen, nicht nur gefasst, sondern von Ludwig XIV. im Principe gebilligt worden ist, dafür spricht nicht nur, dass der König von Frankreich zu Beginn des Jahres 1656 an den Kurfürsten Ferdinand Maria von Baiern, dessen Eintritt in den Bund von Seite der Alliirten lebhaft gewünscht wurde, ein Schreiben richtete, in welchem er erklärte, er sei bereit, mit den deutschen Fürsten einen Bund zur Aufrechthaltung des Münsterer Friedens zu schliessen, und hoffe, auch Baiern werde sich nicht weigern, demselben beizutreten,[3] sondern insbesondere auch der Inhalt der Instruction, welche dem nach Deutschland abgehenden franzö-

---

[1] Vertrag vom 24. Februar 1656. Mörner, Kurbrandenburgs Staatsverträge 201 ff.
[2] Vgl. Joachim l. c. 242 ff.
[3] P. A. Bavière, Vol. 2.

sischen Gesandten, Gravel, im April des Jahres 1656 gegeben wurde.[1] Denn nachdem Mazarin in ausführlicher Weise die strenge Einhaltung der Bestimmungen des Vertrages von Münster seitens Frankreichs der Verletzung desselben durch den Kaiser in dem wesentlichsten Punkte — dem Verbote der Unterstützung Spaniens im Kampfe mit Frankreich — gegenübergestellt, kommt er auf die von den deutschen Fürsten in Vorschlag gebrachte Liga zu sprechen, bezüglich welcher er die Stellung des Franzosenkönigs in folgender Weise bezeichnet: „Seine Majestät pflichtet gerne der Meinung mehrerer weiser Fürsten Deutschlands bei, welche glauben, dass in der gegenwärtigen Lage das beste Mittel zur Sicherung des Friedens in einer neuen Liga bestehe, deren Mitglieder sich zur Wahrung des Vertrages von Münster und zu gegenseitigem Schutze gegen die gegenwärtigen und zukünftigen Verletzer desselben verpflichten sollen. Der König von Frankreich hält diese Liga für überaus nützlich, vorausgesetzt, dass Fürsten und Mächte beiderlei Bekenntnisses in dieselbe aufgenommen werden; denn eine besondere Allianz der Katholischen würde ein Gegenbündniss der Protestanten und damit die Theilung Deutschlands in zwei grosse Lager verursachen und den Frieden, anstatt denselben zu sichern, unmöglich machen. Der König empfiehlt daher den Eintritt protestantischer und katholischer Fürsten und ertheilt Gravel speciellen Auftrag, seinerseits alles Mögliche zu thun, um die Protestanten zum Eintritt in den Bund zu bewegen. Der Grund dieses heftigen Drängens des allerchristlichen Königs auf den Beitritt der protestantischen Fürsten liegt auf der Hand. Mazarin fürchtete die Bildung eines rein katholischen Bündnisses, weil er nach den ihm zu Gebote stehenden Mittheilungen annehmen musste, dass der Kaiser sich zum Haupte eines solchen machen werde. Doch hören wir ihn selbst. „Man hat Nachricht,' schreibt er, „dass der Kaiser von dem vorhandenen Bündnisse in Kenntniss gesetzt, durch einen seiner Minister den Alliirten mittheilen liess, er sei bereit, in die Allianz einzutreten. Man darf, führt Mazarin fort, über die Leichtigkeit, mit der sich der Kaiser für den

---

[1] Instruction donnée pour M. de Gravel, Avril 1656. P. A. Allemagne, Vol. 133.

Anschluss an die Alliirten aussprach, nicht staunen. Denn da er wusste, dass die Liga nur von katholischen Fürsten angenommen und kein Protestant sich formell zum Eintritte bereit erklärt habe, lebte er der Ueberzeugung, durch den Eintritt in die Liga Deutschland wie vordem zu theilen und mit Hilfe des mächtigeren Theiles den schwächeren zu unterdrücken, um dann Herr über beide zu bleiben, was auch im letzten Kriege geschehen wäre, wenn Baiern nicht in so vielen Stücken sein Interesse dem des Kaisers gegenüber vertreten hätte.'

‚Alle diese Erwägungen', so schliesst der Leiter der französischen Politik seine Ausführungen, ‚lassen erkennen, wie nothwendig es ist, dass diese Liga aus Anhängern beider Religionsparteien bestehe, und dass man daher nichts unterlassen dürfe, um die bedeutendsten Fürsten beider Religionen zum Eintritt in dieselbe zu bewegen.'

Als Gravel, mit diesen Instructionen versehen, in Frankfurt anlangte, fand er die Allianzangelegenheit in einem Stande, in welchem an eine energische Durchführung der Pläne Mazarin's nicht zu denken war. Denn wenn dieser als unumgängliches Erforderniss die Einbeziehung der bedeutendsten protestantischen Fürsten, in erster Linie Brandenburgs und Schwedens forderte, so war, wie wir gesehen haben, die Mehrzahl der Alliirten in dieser Zeit keineswegs geneigt, diese beiden Fürsten zum Eintritte in den Bund einzuladen. So lange aber in dieser Frage eine den Interessen Frankreichs entsprechende Entscheidung nicht getroffen war, konnte an eine Fortsetzung der Verhandlungen nicht gedacht werden. Wir wissen, wie es erst im Laufe des Frühjahres 1657, vornehmlich durch die Bemühungen des Mainzer Kurfürsten gelang, die Einladung Schwedens und Brandenburgs zum Beitritte zur Allianz durchzusetzen. Bis dahin haben denn auch die Verhandlungen Gravel's in der Allianzfrage zu keinem Ergebnisse geführt, und als im April des Jahres 1657 Mazarin, bevor die Nachricht vom Tode Ferdinand III. in Paris eingetroffen war, den für die Verhandlungen mit den deutschen Fürsten ausersehenen Männern, dem Prinzen Georg Christian von Homburg und Gravel, neue Instructionen zukommen liess, lauteten diese noch ebenso wie jene, welche Gravel vor Jahresfrist aus Paris mitgenommen hatte. Denn auch hier wurde die Nothwendigkeit des Abschlusses der Allianz mit

Rücksicht auf den allgewaltigen Einfluss der Spanier in Wien zugleich mit dem Beifügen betont, dass die unerlässlichen Bedingungen für den Abschluss des Bundes die Verpflichtung der Alliirten, den Frieden von Münster, der dem Kaiser jede Unterstützung der Spanier verbot, aufrechtzuhalten und die Aufnahme Brandenburgs und Schwedens seien. Wie wenig übrigens Mazarin von diesem allgemeinen Bündnisse hielt, beweist die Thatsache, dass der Prinz von Homburg angewiesen wurde, in erster Linie den Abschluss der Separatverträge Frankreichs mit Neuburg und Mainz zu betreiben.[1]

Auf Grundlage dieser Instruction — welche, wie zu bemerken von Bedeutung ist, bereits am 15. April, also vor Einlangen der Todesnachricht aus Wien, abgefasst, am 29. April nur neu ausgefertigt wurde — begannen die beiden Vertreter Frankreichs die Verhandlungen, insbesondere mit dem durch den Tod des Kaisers zu weit grösserem Ansehen gelangten Kurfürsten von Mainz. In einem Berichte an Mazarin schildert nun Gravel, der ob seiner tiefen Kenntnisse der deutschen Verhältnisse und ob der Gewandtheit im Verkehre mit den Fürsten die Leitung der Angelegenheit an sich riss, über seine erste längere Auseinandersetzung mit dem Kurfürsten, über dessen ausschlaggebende Bedeutung er sich keinen Augenblick täuschte. Johann Philipp von Schönborn erklärte sich Gravel gegenüber in überaus zuvorkommender Weise. Dächten alle Fürsten wie er, liess er sich vernehmen, so wäre die Allianz mit Frankreich bereits geschlossen; denn er sei fest davon überzeugt, dass die Allianz mit Ludwig XIV. nothwendig sei, weil nur durch den Beitritt Frankreichs Oesterreich von weiteren Gewaltmassregeln abgehalten werden könne. Zugleich äusserte er aber seine schweren Bedenken gegen die von dem Neuburger in Paris mit grosser Lebhaftigkeit vorgeschlagene und betriebene Offensivliga, da Köln und Trier, falls dieselbe geschlossen werde, sich weigern würden, in die allgemeine Allianz einzutreten, vornehmlich aus Furcht, in den Krieg verwickelt zu werden, den der Neuburger gegen Spanien führen wolle. Dem Kurfürsten von Köln könne man offen von der Allianz reden, insbesondere sobald man —

---

[1] Instruction für den Prinzen von Homburg und Gravel, Concept vom 15. April, Ausfertigung vom 29. April, P. A. Allemagne, Vol. 135.

was nothwendig und nicht schwer zu erreichen — Fürstenberg gewonnen habe. Dagegen empfahl er dem Trierer gegenüber besondere Vorsicht.[1] Zu gleicher Zeit wurde aber auch von der bevorstehenden Kaiserwahl gesprochen und vom Mainzer die Frankreich günstige Lage der Verhältnisse hervorgehoben. Je grösser nun aber in diesen ersten Zeiten die Aussichten für Ludwig XIV. waren, das Ziel seiner Wünsche zu erreichen, den Kaiserthron zu besteigen, desto klarer spricht sich in den Berichten der Vertreter Frankreichs die Erkenntniss der Unzweckmässigkeit der ganzen Verbindung, insbesondere aber des Eintrittes Frankreichs aus. Und bald zeigte es sich, wie gross die Differenzen in der Allianzfrage waren, die erst ausgeglichen werden mussten, bevor an den Beitritt Frankreichs gedacht werden konnte. Ein Schreiben des Prinzen von Homburg an den französischen Minister Servien — der ob seiner genauen Kenntniss der deutschen Verhältnisse von Mazarin in allen Angelegenheiten, die Deutschland betrafen, zu Rathe gezogen wurde — lässt uns deutlich erkennen, wie sehr Gravel speciell das Entgegenkommen Johann Philipps überschätzt hatte. Denn dem Prinzen von Homburg gegenüber liess sich der Mainzer dahin vernehmen, dass der Eintritt Frankreichs in die Allianz unter allen Umständen erst dann werde erfolgen können, wenn die Verhandlungen der Alliirten mit den Häusern Braunschweig und Hessen bereits zum Abschlusse gediehen sein würden, und dass die wesentlichste Bedingung, welche von Seite der Verbündeten an Frankreich bei seinem Eintritte in ihre Einigung gestellt werden müsste, die sei, dass es jeden Schritt vermeide, welcher die Mitverbündeten in Conflicto mit Spanien bringen könnte.[2] Gegen Spanien aber waren ja in erster Linie die Pläne Frankreichs gerichtet, und gerade um in dem Kampfe gegen Philipp IV. und das Haus der Habsburger einen Rückhalt zu finden, hatte Mazarin Verbindungen mit den einzelnen Fürsten angeknüpft. In diesem Sinne hatte er — allerdings bevor die Nachricht vom Tode Ferdinand III. in Paris eingetroffen war — die nach Deutschland reisenden

---

[1] Gravel an Mazarin ddo. Frankfurt 23. Mai 1657. P. A. Allemagne, Vol. 135.
[2] Der Prinz von Homburg an Servien ddo. Köln, 19. Juni 1657. P. A. Allemagne, Vol. 135.

Gesandten dahin instruirt, Johann Philipps Zustimmung zum
Abschlusse des Offensivbündnisses zwischen Frankreich und
Neuburg — das Ludwig XIV. durch den beabsichtigten Kampf
Philipp Wilhelms gegen Spanien von Werth sein musste —
und zugleich zur Aufnahme eines Artikels in diese Allianz
zu fordern, nach welchem jeder Durchzug deutscher Truppen
durch das Reich nach den Niederlanden und Italien verboten
sein sollte.[1] In diesem Sinne hatte er durch Gravel am 27. Mai
den in Frankfurt versammelten Ständen ein umfangreiches
Memorial vorlegen lassen, in welchem alle jene Thaten an-
geführt waren, durch welche der verstorbene Kaiser sich als
Friedensstörer erwiesen, und das in der Aufforderung an die
deutschen Fürsten gipfelte, die neuerliche Unterstützung Spaniens in Italien und den Niederlanden nicht zu dulden. Die
Vertreter Frankreichs aber, denen die Verhandlungen in der
Wahlangelegenheit von Tag zu Tag grössere Hoffnung auf
Erreichung des lange erstrebten Sieges zu geben schienen,
hielten es nicht für angezeigt, ihrerseits mit dem Antrage der
Aufnahme dieses Artikels in die Allianz — was Mazarin
ursprünglich gewünscht hatte — aufzutreten. Da der Kaiser
todt ist — schreibt Homburg in dem erwähnten Schreiben an
Servien — und der Mainzer auf das Bestimmteste erklärt, dass
kein Fürst aus dem Hause Habsburg gewählt werden wird,
brauchen wir nicht zu fürchten, dass der Erwählte Truppen
durch das Reich nach Italien oder Flandern schicken wird,
um Spanien zu dienen, da wir ja zur Wahl des Betreffenden
das Wesentliche gethan haben werden. Und dann ist zu bedenken — führt Christian von Homburg fort — dass die Fürsten
unzweifelhaft dieselben Forderungen wie an Oesterreich auch
an Frankreich stellen werden und uns auf diese Weise jedes
Mittels berauben, gegen Oesterreich vorzugehen. Im Falle jedoch gegen alles Vermuthen ein Fürst aus dem Hause Habsburg gewählt wird, so wird derselbe durch diese Liga sofort
auf das aufmerksam, was er zu fürchten hat. Und zu gleicher
Zeit stiegen dem Prinzen von Homburg die ersten Bedenken
in die Aufrichtigkeit des Mainzers auf. Insbesondere die deutlich
hervortretende Abneigung Johann Philipps gegen das Offensiv-

---

[1] Instruction für Homburg und Gravel, 29. April. P. A. Allemagne, Vol. 135.

bündniss zwischen Frankreich und Neuburg gab ihm zu denken. Denn wenn der Mainzer es mit dem Franzosenkönige ehrlich meinte, wenn er dessen Wahl oder die eines französisch gesinnten Fürsten zum Kaiser wünschte, dann mussten ja ihm, der die Annäherung des jungen Ludwig XIV. an die deutsche Grenze gewünscht und befürwortet hatte,[1] die Rüstungen des Neuburgers überaus erwünscht sein. „Aber ich fürchte,‘ so schliesst Homburg seine Betrachtungen, ‚es wird nichts daraus, da der Mainzer unseren Feinden dieselben Hoffnungen und Versprechen gibt wie uns.'[2]

Ganz von diesen Gedanken der Unzweckmässigkeit der Allianz unter den gegebenen Verhältnissen, ist nun auch die Instruction beherrscht, welche der geniale französische Staatsmann den beiden zur Förderung der Wahlangelegenheit Ende Juli nach Frankfurt entsendeten Männern, dem Herzoge von Grammont und dem Marquis de Lionne, mitgegeben hat.[3] Nach erschöpfender Behandlung der Wahlfrage, welche in dem Satze gipfelte, dass der Ausschluss des Hauses Habsburg die leitende Idee der Gesandten bilden müsse, geht Mazarin auf die von den deutschen Fürsten geplante Einigung über. ‚Deutschland,‘ so schreibt er, ‚will im Allgemeinen den Frieden; ihn zu erhalten soll die Liga dienen, welche nicht weniger gegen Frankreich und Schweden als gegen das Haus Habsburg gerichtet

---

[1] In einem Schreiben Gravel's an Mazarin vom 13. Juni 1657, P. A. Allemagne, Vol. 135, heisst es: ‚Der Kurfürst von Mainz sagte mir: qu'il trouvoit a propos, que le Roy fist passer un corps d'armée sur les frontières d'Allemagne pour estre prest d'appuyer ce que l'on croiroit estre necessaire pour le bien commun, pour intimider ceux, qui auront encore quelque consideration pour la maison d'Autriche.‘

[2] Homburg an Servien, 19. Juni 1657. P. A. Allemagne, Vol. 135.

[3] Ich benütze diese Instruction, nach einer für den damaligen französischen Staatssecretär Brienne gemachten Abschrift, welche sich, wie die ganze mehrere hundert Bände starke Correspondenz Brienne's im British Museum in London befindet. Der Band Harleiana 4531 enthält die ganze Original-Correspondenz Grammont's und Lionne's an Brienne, welche die im französischen Archive des Ministeriums des Aeussern erhaltene Correspondenz der Gesandten an Mazarin nicht unwesentlich ergänzt. Ich bemerke, dass sich von vielen der Berichte Grammont's und Lionne's an Brienne Abschriften im Pariser Archive vorfinden. Ich bezeichne im Folgenden diese Correspondenz B. M. = British Museum Harleiana 4531.

ist. Da es aber bei den deutschen Fürsten Verdacht erwecken würde, wenn Frankreich und Schweden sich weigerten, in diese zur Wahrung des Friedens gegründete Allianz einzutreten, sie sogar dahin gebracht werden könnten, sich um so eher dem Hause Oesterreich anzuschliessen, haben wir, als an uns die Aufforderung erging, den König für den Eintritt in den Bund zu gewinnen, die Erklärung abgegeben, dass der König in die Allianz eintreten werde, jedoch nur, wenn auch Schweden und Brandenburg sich dazu entschliessen sollten. Wir thaten dies, um Zeit zu gewinnen, uns mit diesen Fürsten zu besprechen und über die Angelegenheit ernstlich nachzudenken. Der König — heisst es weiter in diesem für die Kenntniss der Motive der französischen Regierung überaus bedeutungsvollen Documente — hält diese Liga jetzt für eine sehr delicate Sache. Sie wurde vorgeschlagen, als der Kaiser noch lebte. Damals war der Zweck des Bundes ein sehr guter und es ist zu bedauern, dass das Zustandekommen sich so lange verzögert hat, da es nicht ausgeschlossen ist, dass der König von Dänemark und der verstorbene Kaiser sich durch den Abschluss der Allianz von jenen Handlungen hätten zurückhalten lassen, die sie begangen haben. Heute aber scheint der Nutzen dieser Verbindung viel zweifelhafter zu sein; denn wenn die Wahl auf einen Fürsten fällt, der nicht dem Hause Habsburg angehört, so ist die Allianz überflüssig. Bleibt aber die Krone dem Hause Habsburg, so wird dieser Bund nicht grösseren Schutz bieten als der Vertrag von Münster. „In jedem Falle aber — so lauten die Schlusssätze dieser allgemeinen Erörterungen — wird es nothwendig sein, den deutschen Fürsten klar zu machen, dass jene unter ihnen, welche Freunde des Königs von Frankreich heissen wollen, sich davon überzeugt halten sollen, dass der König von Frankreich nicht damit zufrieden ist, wenn sie vor der Wahl oder im Augenblicke, wo dieselbe stattfindet, eine Einigung schliessen, oder in die schon bestehende einige neue Fürsten — katholische und protestantische — aufnehmen, ja selbst dann nicht, wenn sie die Aufnahme des Königs von Frankreich in diese Einigung befördern. Denn abgesehen davon, dass dergleichen Verbindungen keine Sicherheit geben, betreffen dieselben mehr die Interessen und den Schutz der anderen Fürsten als des französischen Königs, und niemals wird eine solche Einigung einen Kaiser aus dem Hause Habsburg von Unternehmungen gegen Frankreich abhalten.' Neben diesen allgemeinen Erörterungen enthält die Instruction für die beiden Bevollmächtigten Ludwig XIV. auch nähere Angaben über die Bedingungen, unter denen die Allianz geschlossen werden könne: Betheiligung katholischer und protestantischer Fürsten, insbesondere Aufnahme Schwedens und Brandenburgs in die Allianz; Ausschluss aller Mächte, die gegen die Bestimmungen des Friedens von Münster sich vergangen; Verpflichtung der Mitglieder der Allianz nicht nur zu gegenseitiger Unterstützung, sondern auch zur Aufrechthaltung der Rechte aller Staaten, die an dem Münster'schen Friedenswerke Antheil gehabt, waren die wichtigsten Forderungen, welche Mazarin den Gesandten zu stellen befahl. Wenn diese Bedingungen erfüllt, die Allianz im Principe geschlossen, dann sollten die Gesandten an den Berathungen über die von jedem Mitgliede zu stellenden Truppen theilnehmen, für die Einsetzung eines gemeinsamen Conseils und für die Wahl eines Oberbefehlshabers für die alliirten Truppen — Frankreich empfahl den Neuburger — stimmen. Wir sehen, die Instruction der französischen Gesandten erstreckte sich auf die ganze Allianzfrage; doch sollten dieselben ihre Thätigkeit vorerst der Wahlangelegenheit zuwenden und die Allianzangelegenheiten nur dann aufnehmen, wenn die deutschen Fürsten dies heftig fordern würden. Dazu war aber anfangs wenig Aussicht vorhanden. Eigentlich war es nur der Neuburger, der unbedingt für den Franzosenkönig einzutreten geneigt war, von dem auch der Plan gefasst worden war, zwischen den drei geistlichen Kurfürsten, Frankreich, Neuburg und Baiern eine besondere Einigung zu schliessen, zu deren Durchführung er seine Dienste anbot,¹ vorausgesetzt, dass ihm die hohen Forderungen zugestanden würden, die er gestellt hatte und über die in Paris lange Verhandlungen gepflogen worden waren, deren Abschluss den Vertretern Ludwigs oblag. Bei allen übrigen Mitgliedern der Allianz gab es aber der Bedenken gegen die Aufnahme Frankreichs die Fülle. Dem Mainzer musste der Franzosenkönig, abgesehen davon, dass dessen

---

¹ Schreiben Homburgs an Servien, 18. Juli 1657. P. A. Allemagne, Vol. 135.

Eintritt in den Bund, so lange er sich mit Spanien im Kriege befand, die Alliirten in grosse Conflicte verwickeln konnte, schon wegen seiner übergrossen Macht ein bedenklicher Bundesgenosse erscheinen, und diese Bedenken konnten nur durch gewichtige Gründe, wie sie dann wirklich in der durch die Wahl Leopold I. drohenden Gefahr vorlagen, aufgewogen werden. Weniger heftig war die Opposition des Erzbischofs von Köln, dessen Stellung in der Allianz- wie in der Wahlfrage in erster Linie von der Höhe der Anerbietungen abhing, die er und seine ihn beherrschenden Räthe von den kämpfenden Parteien zu erwarten hatten. Am deutlichsten aber sprach sich der Kurfürst von Trier, den nur die Rücksicht auf die seinem Besitze von Frankreich unmittelbar drohenden Gefahren und die Hoffnung, durch ein geschicktes Zögern den Kaufpreis für Oesterreich zu erhöhen, von dem offenen Anschlusse an den Habsburger abhielt, gegen die Aufnahme Ludwig XIV. in die Allianz aus. Er hat in Kärlich, wo er mit Johann Philipp und Maximilian Heinrich über die Massregeln berieth, welche in der Wahl- und Allianzfrage zu treffen seien, die Defensivallianz mit Frankreich ‚suspect und zuwider' genannt[1] und den kaiserlichen Gesandten Volmar und Oettingen, als diese bald nach der Zusammenkunft der drei Kurfürsten bei ihm in Kärlich vorsprachen, zugleich mit der Mittheilung des in Frankfurt aufgetauchten Vorschlages, Frankreich in die Allianz aufzunehmen, seine Verwunderung und seine Bedenken gegen diesen Antrag ausgedrückt.[2] Dass demungeachtet seitens der Kurfürsten mit Ludwig XIV. Vertretern, vornehmlich mit Gravel, in diesen Tagen über die Aufnahme Frankreichs in den Bund verhandelt wurde, hatte seinen Grund in denselben Erwägungen, um derentwillen Mazarin den Gesandten Frankreichs den gänzlichen Abbruch der Verhandlungen zu vermeiden befahl. Man war beiderseits gewillt, von dem weiteren Verlaufe der Wahlfrage und der Entwicklung der allgemeinen Verhältnisse es abhängen zu lassen, ob man sich für eine energische Vornahme der Verhandlungen oder für den gänzlichen Abbruch derselben entscheiden werde. Es kann nicht

---

[1] Vergl. Joachim, l. c. 257.
[2] Bericht Volmar's an Leopold, ddo. 27. Juli 1657. St. A. (Wahlacten).

unsere Aufgabe sein, in diesem Zusammenhang dem Verlaufe des Wahlkampfes zu folgen, der mit grossem Eifer von beiden Seiten geführt wurde. Nur das scheint unerlässlich, hervorzuheben, dass Mazarin, so lange er noch irgendwelche Hoffnung hatte, die Wahl eines Nichthabsburgers durchzusetzen, in überaus entschiedener Weise sich gegen den Abschluss der Allianz ausgesprochen hat. „Nachdem ich das Project der Allianz, das ihr mir eingeschickt habet, gelesen — so schreibt er am 15. September den Gesandten in Frankfurt[1] — fand ich mich in meiner Ansicht bestärkt, dass es uns sehr nachtheilig — très-prejudiciable — wäre, in dieselbe einzutreten. Denn ganz abgesehen davon, dass wir Schweden und Brandenburg durch unseren Eintritt in die Allianz, bevor der ihre entschieden, verletzen würden, würden wir uns durch dieselbe, falls ein Fürst aus dem Hause Habsburg gewählt werden sollte, die Hände binden und nichts gegen dieses Haus unternehmen können, was zu thun der König fest entschlossen ist. Aus diesem Grunde gebe ich euch die Ermächtigung, wenn euch der Mainzer in dieser Angelegenheit drängen sollte, rundweg zu erklären, dass der König von Frankreich der vorgeschlagenen Allianz mit Rücksicht auf seine Interessen und seine Sicherheit keinen Werth beimisst, dass er sie für gänzlich bedeutungslos hält, und dass er durchaus nicht geneigt ist, sich mit der Vergoldung der bitteren Pille zufrieden zu geben, welche man ihn verschlucken lassen will, indem man einen Fürsten des Hauses Habsburg zum Kaiser wählt. Die Verpflichtungen, welche der König durch die Unterzeichnung des Vertrages eingehen würde, würden direct den Entschliessungen widersprechen, die er gefasst, nämlich die Kräfte des neuen habsburgischen Kaisers in Deutschland anzugreifen, damit dieser sie nicht nach Flandern oder Italien zur Unterstützung der Spanier sende, was er sonst zweifelsohne thun würde. Wie wenig man auf solche Verbindungen, wie sie die deutschen Fürsten planen, geben kann, hat die Erfahrung gelehrt; im Uebrigen genügt der Friede von Münster, wenn ein Nichthabsburger den Kaiserthron besteigt, im entgegengesetzten Fall aber wird keine neue Verbindung

---

[1] Weisung Mazarin's an die Gesandten vom 15. September 1657. P. A. (Allemagne), Vol. 140.

den Kaiser hindern, wie in früheren Zeiten nach dem Willen der Spanier zu handeln, vielmehr wird diese Allianz nur ein Vortheil für unsere Feinde sein, weil sie uns der Freiheit berauben würde, unsere Feinde in ihrem Lande anzugreifen, um so die Schläge abzuwenden, welche sie, uns zu versetzen, sich vorbereiten. Mit einem Worte, der König kann nicht zufrieden sein mit der Erhebung eines österreichischen Prinzen auf den Kaiserthron, welche Anerbietungen man machen und welche Vorsichtsmassregeln immer man ergreifen möge, um die Macht desselben zu beschränken und den Gefahren vorzubeugen, welche aus der Wahl desselben erfolgen könnten, weil er diese Allianz für ungenügend hält, diesen Erfolg zu erzielen. Entschliessen sich aber die deutschen Fürsten diesmal das Haus Habsburg von der Wahl fernzuhalten, dann ist der König bereit, die vorgeschlagene Allianz zu unterzeichnen, jedoch wohlverstanden nur im Einvernehmen mit dem Könige von Schweden und dem Kurfürsten von Brandenburg.[1]

---

[1] Die entscheidenden Stellen lauten im Originale: „ce traitté, ne feroit que nous lier les mains a ne pouvoir rien entreprendre contre luy, ainsy que le Roy est resolu de faire. C'est pourquoy vous pouvez declarer nettement a Mr. de Mayence s'il vous fait encore presser la dessus, que sa M¹⁰ ne peut faire aucun fondement pour ses Interets et sa seureté sur la ligue proposée, qu'elle ne la compte pour rien et ne la peut recevoir pour une dorure a la pillule amere, qu'on luy feroit avaller, en faisant Empereur un Prince de la maison d'Autriche . . . En un mot, le Roy ne peut estre content de l'Elevation a l'Empire d'aucun Prince de la maison d'Autriche quelques offres qu'on fasse et quelques precautions qu'on veuille prendre pour brider son pouvoir et pour empescher les maux qu'il voudroit faire, car nous ne nous en imaginons point d'assez fortes pour produire cet effect là; mais sa M¹⁰ veut bien s'engager a toutes les choses, que je vous ay marquées cy dessus et mesme donner les mains a la ligue proposée si on l'estime necessaire, pourveu qu'on oste a la maison d'Autriche pour cette fois cy la succession a l'Empire, qu'elle se rent perpetuel, bien entendu pourtant qu'elle n'entrera dans la dite ligne que du consentement du Roy de Suede et de l'Electeur de Brandenbourg. Und gegen die Meinung, als sei dies an die Gesandten nur geschrieben, damit sie es dem Kurfürsten zeigen, um ihn von der Uebertragung der Kaiserwürde an ein Mitglied des Hauses Habsburg abzuschrecken, spricht, dass Mazarin an Servien unter dem 6. September 1657 schreibt: „mon sentiment n'est point du tout que nous entrions (in die Allianz) presentement, . . . car elle ne feroit que nous lier les mains et empescher l'effect des

Eben um das Verhältniss zu diesen beiden Fürsten drehten sich die Verhandlungen, welche damals in Frankfurt unter den Alliirten gepflogen wurden. Die Braunschweiger und Hessen, die einzigen protestantischen Glieder dieser Einigung, die von allem Anfange an für eine Stärkung der protestantischen Partei innerhalb der Allianz thätig gewesen waren, forderten immer dringender die Zulassung der Vertreter Schwedens und Brandenburgs zu den Verhandlungen, während die übrigen Fürsten — mit Ausnahme Johann Philipps — aus Furcht, durch Aufnahme dieser beiden Fürsten in die grossen Conflicte verwickelt zu werden, die den Nordosten Europas erschütterten, auf ihren ursprünglichen Erklärungen zu beharren behaupteten, wenn sie erst den endgiltigen Vergleich mit Braunschweig und Hessen und dann erst weitere Verhandlungen mit Brandenburg und Schweden forderten.[1] Es bedurfte vieler Bemühungen, bis ein beide Theile befriedigender Ausweg gefunden war, nach welchem die Vertreter der beiden Mächte Brandenburg und Schweden, von allem Anfange an den Verhandlungen beiwohnen sollten, jedoch nur gegen das von den Vertretern Braunschweigs und Hessens zu gebende Versprechen, ‚dass ihre Principale in dem Endziel dieser Verfassung einig seien‘, welches im wechselseitigen Schutze vor aller feindlichen Gewalt und in der Wahrung des Friedens, sowie in der Absicht bestehe, sich keineswegs in fremde Kriege zu verwickeln.[2]

Aber auch dann, als die Zulassung der Vertreter Brandenburgs und Schwedens beschlossen war, schritt das Allianzwerk nicht recht fort. Umstände verschiedener Art wirkten dazu mit. Die Wahlangelegenheit, welche gerade damals in überaus reger Weise betrieben wurde, nahm das Interesse und die Zeit der meisten Mitglieder der Allianz fast vollständig in Anspruch, und dass von der Entscheidung in dieser Frage die weitere Entwicklung der Allianz abhing, daran zweifelte keines der vielen Mitglieder derselben. Auch lag es ja nicht im Interesse der einzelnen Mitglieder, sich in dieser Angelegenheit zu binden, bevor die Frage entschieden war, wer den Kaiserthron besteigen

---

resolutions, que Sa M^{té} seroit obligée de prendre, si on faisoit Empereur l'archiduc Leopold ou le Roy de Hongrie. P. A. (Allemagne) Vol. 140.

[1] Joachim, l. c. 265.
[2] Joachim, l. c. 272.

werde. Dazu kam, dass insbesondere die Vertreter des Grossen Kurfürsten, je mehr sich dieser den Schweden entfremdete, die weitere Entwicklung des Bundes mit scheelen Augen ansahen und dieselbe, soweit dies möglich war, zu hindern suchten. Was unter diesen schwierigen Verhältnissen im Laufe der letzten Monate des Jahres 1657 geleistet wurde, darüber sehen wir jetzt ganz klar.[1] Deutlich lässt sich das Widerspiel der Interessen, die gegenseitige Eifersucht und das allgemeine Misstrauen erkennen. Denn kaum hatte man sich über die Annahme des Kölner Recesses vom 15. December 1654 als Grundlage des zu errichtenden Bundes geeinigt, so traten die verschiedenen Mitglieder mit sich widersprechenden Wünschen und Beschwerden hervor. Die vornehmste aller Differenzen zwischen Invitanten — den drei rheinischen Erzbischöfen, Neuburg und Münster — und Invitirten bestand wohl darin, dass die letzteren die von den ersteren geforderte überaus sorgfältige Vermeidung jeder Bestimmung, welche ein offensives Vorgehen veranlassen könnte, vornehmlich mit Rücksicht auf ihre besonderen Interessen nicht billigten, während die Invitanten erklärten, ‚sie hätten die Nichteinmischung in fremde Kriege dahin verstanden, dass sie sich zur Zeit auch nicht mit denen setzen könnten, welche beim Schluss dieser Verhandlungen noch in wirklichem Kriege befangen wären'.[2] Und wenn es auch dem nach allen Seiten hin beschwichtigenden Vorgehen des Mainzers gelang, diese Differenzen wenigstens nothdürftig auszugleichen, so hinderte das nicht, dass die bestehenden Gegensätze auf den weiteren Fortgang der Verhandlungen hemmend einwirkten. Und in dieser Auffassung von den immer mehr zu Tage tretenden Schwierigkeiten, so widerstrebende Elemente zu einigen, darf man sich auch nicht dadurch beirren lassen, dass am Ende des Jahres 1657 die erste Neufassung des Recesses fertiggestellt wurde. Denn als es dann zu Berathungen über diesen Entwurf kam, waren nicht nur jene Mächte, um deren Stellung zur Allianz es sich in erster Linie handelte, Brandenburg und Schweden, mit den Bestimmungen des Entwurfes durchaus nicht einverstanden,

---

[1] Joachim, l. c. 292—351.
[2] Joachim, l. c. 301.

sondern auch einige der anderen Fürsten brachten neue Ergänzungs- und Aenderungsvorschläge vor, so dass, wer unparteiisch die Lage gegen das Ende des Jahres betrachtete, die gänzliche Einigung und den Abschluss der Allianz innerhalb weniger Monate für mehr als unwahrscheinlich hätte erklären müssen.[1] Dass dann doch in verhältnissmässig kurzer Zeit aus diesem Chaos heraus die Liga vom 14. und 15. August 1658 sich gebildet hat, dürfte seinen Grund wohl vornehmlich darin haben, dass im Laufe der ersten Monate des Jahres 1658 die allgemeinen Verhältnisse sich so klärten, dass nach allen Seiten hin ein freier Ausblick und damit die Möglichkeit einer Entscheidung erfolgte. Der Sieg des Habsburgers in dem Wahlkampfe und die endgiltige Losreissung des Brandenburgers von Schweden und dessen Anschluss an Oesterreichs Herrscher haben den weiteren Verlauf der Allianzfrage entschieden. Denn wenn auch schliesslich über alle lockenden Anerbietungen und gefährlichen Drohungen Frankreichs, über die Abneigung gegen die wenig den Interessen des Reiches Rechnung tragende Politik der Habsburger, der Gedanke den Sieg davon trug, dass noch grössere Gefahr und Schmach dem Reiche drohe, wenn dem Sprossen Hugo Capets die oft erstrebte Kaiserkrone auf das Haupt gesetzt würde, und dass auch keiner der deutschen Fürsten mächtig genug sei, den im Falle des Unterliegens Leopolds von dem Hause Habsburg drohenden Gefahren zu begegnen, so war doch zu gleicher Zeit der Entschluss gereift, nichts zu unterlassen, um dem neuen Kaiser die Hände möglichst fest zu binden und den Reichsfrieden zu schützen. Die Wahlcapitulation und die rheinische Allianz mit ihren die Actionsfähigkeit des Kaisers lähmenden Bestimmungen waren die Fesseln, welche Johann Philipp von Mainz dem Habsburger anzulegen und durch die er jede freie Bewegung desselben zu hemmen gedachte. Und da sich der Kurfürst von Mainz keinen Augenblick darüber täuschte, dass die deutschen Fürsten allein in keinem Falle dem von Spanien unterstützten und durch die Kaiserwürde gestärkten österreichischen Herrscher genügenden Widerstand zu leisten vermögen würden, wenn er die Verpflichtungen, die er eingehen sollte, auf sich nahm und sie

---

[1] Vgl. Joachim, l. c. 332 f.

dann doch nicht hielt; so war sein Bestreben darauf gerichtet, die bis dahin mit den Franzosen nur lau geführten Verhandlungen in Gang zu bringen und die Bedenken zu beheben, welche den Schwedenkönig von dem Eintritte in die Allianz abhielten. Besonders das erstere war, wie leicht zu begreifen, eine Aufgabe schwierigster Art. Denn Frankreich war durch das Fehlschlagen der Hoffnung, das Haus Habsburg von dem Kaiserthrone auszuschliessen, auf das Tiefste betrübt und gegen den Urheber dieser Täuschung auf das Heftigste erbittert. Umsonst waren ja die Millionen an Geld geopfert, umsonst die kostbare Zeit der Verhandlungen mit den kleinen deutschen Fürsten verschwendet worden; das Ende aller Bemühungen war die Gewissheit, dass die Krone Karl des Grossen das Haupt des in Jugendschöne prangenden Bourbonen nicht schmücken werde. Doch das war es nicht, was Mazarin am heftigsten schmerzte. Gab es ja der hohen Ziele genug, auf die man den Ehrgeiz des jungen Fürsten lenken konnte. Aber dass gerade jener Fürst, dem er die Krone am wenigsten gönnte, dass der schwächliche, kleine Leopold, von dem der Herzog von Grammont nicht genug — allerdings unwahre — Züge geistiger Unbedeutendheit zu erzählen wusste, den Sieg davontrug und statt eines Louis V. ein Leopold I. die Kaiserreihe vermehrte, das war es, was den französischen Staatsmann am meisten kränkte. Und Täuschung wie Niederlage, darüber war man am Hofe Ludwig XIV. einer Meinung, hatte man dem Mainzer zu verdanken, ihm, den man mit besonderer Zuvorkommenheit behandelt, dem man mit Geld reichlich beschenkt und vor allen anderen Kurfürsten ausgezeichnet hatte. ‚Es kann kein Zweifel darüber bestehen — schrieb Mazarin gegen Ende des Jahres 1657, als mit dem Scheitern der Mission Grammont's in München¹ die Wahlangelegenheit im Sinne des Habsburgers entschieden war — dass der Mainzer die einzige Ursache unserer Niederlage ist und daher auch alle Vorwürfe verdient. Er hat durch sein Benehmen Baiern und Trier auf

---

¹ Für diese Sendung Grammont's vergleiche neben den Mémoires Grammont's: Chéruel, l. c. III, 106 ff.; Valfrey, Hugues de Lionne II, 103 ff. und G. Heide, Die Wahl Leopold I., Forschungen zur deutschen Geschichte XXV, p. 41 ff.

Oesterreichs Seite gebracht und nicht öffentlich wie Trier, sondern geheim gegen uns gearbeitet. Hätte er uns vor dem Abschlusse mit Peñeranda gesagt, dass unsere Forderungen unerfüllbar seien, so hätten wir andere Bedingungen gestellt, so aber war seine Handlungsweise ganz erfüllt von List und Trug. Der König von Frankreich aber ist durch dieses Vorgehen ausser Stand gesetzt, dem Mainzer jemals wieder zu trauen, und erwartet mit Ungeduld die günstige Gelegenheit, um sich für die Treulosigkeit an dem Kurfürsten zu rächen.'[1] Und sicherlich, wenn Mazarin auf seinen früheren Erklärungen beharren, wenn er, was er als unabänderlichen Entschluss des Königs von Frankreich im Falle der Wahl eines Habsburgers bezeichnet hatte, zur That werden lassen wollte, was wäre ihm übrig geblieben, als die kampfbereiten Truppen den Rhein übersetzen und die Kriegsfackel von neuem in die durch dreissig Kriegsjahre verwüsteten Länder tragen zu lassen. Denn wenn Mazarin auch hoffen konnte, dass Johann Philipp nicht zögern werde, durch den Abschluss der Allianz und die Berücksichtigung der französischen Forderungen bei Abfassung der Wahlcapitulation des neuen Kaisers den Missmuth Ludwig XIV. zu besänftigen, wie konnte er die Gutheissung eines solchen Vorgehens mit den Erklärungen vereinbaren, welche er von allem Anfange an abgegeben, und die im Falle der Wahl eines Habsburgers einen Krieg in Aussicht stellten, da alle Verbindungen, wie die Erfahrung gezeigt, genügende Sicherheit zu bieten nicht vermöchten. Dass das Eingehen auf die Allianzvorschläge, welche man ursprünglich — und mit Recht — als unzulängliche bezeichnet hatte, einen Rückzug, das Zugeständniss der erlittenen Niederlage bedeute, war dem grossen Staatsmanne, der die Geschicke Frankreichs leitete, klar, und keinen besseren Beweis für die Richtigkeit dieser Behauptung könnte es geben, als die Thatsache, dass er die Gesandten, welchen er im Juli und September 1657 Befehl ertheilt, dem Kurfürsten von Mainz zu erklären, dass Ludwig XIV. die Allianz unter den jetzt wirklich eingetretenen Verhältnissen für nutzlos halte, nun im Januar 1658, um seine Handlungsweise vor dem Könige und vor sich selbst zu rechtfertigen, in vorwurfsvollem Tone an den Fehler erinnerte,

---

[1] Weisung Mazarin's vom 10. Januar 1658. P. A. (Allemagne), Vol. 140.

den sie begangen, indem sie so viele Conferenzen in der Allianzangelegenheit hätten vorübergehen lassen, ohne an denselben theilzunehmen.

Wenn Mazarin nun trotz alledem sich zu neuen Verhandlungen mit dem unzuverlässigen Mainzer entschloss, so geschah dies, weil er, gewohnt, das reale Element niemals ausser Acht zu lassen, es für zweckmässig erachtete, unter zwei Uebeln das kleinere zu wählen, und weil ihm der Abschluss der Allianz und die durch dieselbe zu erhoffende Beschränkung des neuen Herrschers das einzige Mittel schien, auf wenigstens halbwegs ehrbare Weise sich aus der Lage herauszuziehen, in welche ihn die Treulosigkeit des Mainzers, wie er behauptete, gebracht.[1] Die Instruction vom 10. Januar 1658 gibt uns nun über die Art und Weise Aufschluss, wie Mazarin sich diese neuen Verhandlungen dachte. „Man braucht — so schrieb er — daran nicht zu zweifeln, dass der Mainzer, falls er nicht jedes Schamgefühl verloren, sich eifrig bemühen wird, uns für die von unseren Gegnern wider die Bestimmungen des Friedens von Münster vorgenommenen Handlungen entsprechende Satisfaction zu geben, und dass er die nothwendigen Vorsichtsmassregeln zur Vermeidung ähnlicher Conflicte zu treffen suchen wird.‘ Da aber das Interesse des Kurfürsten von Mainz noch mehr als das der übrigen Fürsten diese Massregeln erheischte, befahl Mazarin seinen Gesandten, die Kälte, mit der sie dem Mainzer seit einiger Zeit begegneten, auch fernerhin zu zeigen. Den versammelten Vertretern der Alliirten aber sollten die Gesandten Ludwig XIV., um die Würde Frankreichs zu wahren, die erlittene Niederlage zu verdecken und zugleich möglichst grosse Erfolge zu erzielen, erklären, dass der König von Frankreich als Garant des Münsterer Friedens das Recht habe, seine Aufnahme in Verbindungen zu fordern, welche die Wahrung dieses Friedensschlusses bezwecken, und dass derselbe auch keinen Augenblick daran gezwoifelt habe, dass ein derartiger Bund nicht ohne Frankreich und Schweden — Brandenburg fehlt hier wie man sieht — geschlossen werden könne.

---

[1] ‚cela nous fournust un pretexte assez honorable (puisqu'aussy bien l'infidelité de Mayence nous a reduit aux termes de ne pouvoir mieux faire) pour nous relascher un peu de nos oppositions‘.

Jetzt nun, wo die Wahl eines Habsburgers zum Kaiser wahrscheinlich sei und mit Rücksicht auf die Geburt des spanischen Prinzen von Frankreich auch gestattet werden könne — man beachte die Feinheit dieses Rückzuges — erachte es Frankreich in seinem wie im Interesse der Fürsten des Reiches gelegen, jede mögliche Vorsichtsmassregel zu ergreifen, auf dass der Friede des Reiches nicht verletzt werde.

Denn nicht nur in dem Falle, wenn der junge Königssohn in Spanien stürbe, sondern auch wenn dieser Fall nicht eintreten sollte, wäre mit Rücksicht auf den grossen Einfluss der Spanier am Wiener Hofe die Nothwendigkeit vorhanden, über die Wahlcapitulation hinaus, deren Unzulänglichkeit sich schon oft erwiesen, für die Sicherung des Reiches zu sorgen. Aber auch noch in diesem Momente war die Absicht Mazarin's in erster Linie auf den Abschluss besonderer Bündnisse gerichtet, von denen er sich bedeutend grösseren Nutzen versprach als von diesen grossen Einigungen, wo die verschiedenartigen Interessen der Mitglieder jedes energische Vorgehen erschweren mussten. ‚Mit dem Pfälzer — so lautet die entscheidende Stelle der Instruction — ist bereits der Vertrag geschlossen, der Würtemberger, der Hesse und der Kölner dürften gleich für den Abschluss gewonnen werden; andere werden folgen.' Was Mazarin mit diesen Separatverträgen anstrebte, war die Verbindung mit allen grösseren und kleineren katholischen und protestantischen Fürsten, um mit ihnen und dem Schweden gemeinsam den Kampf gegen die Macht der Habsburger mit um so grösserer Aussicht auf Erfolg führen zu können.[1] Allein diese Pläne kamen nicht zur Durchführung und konnten auch nicht zur Durchführung gelangen. Denn einerseits war Johann Philipp diesen vom Standpunkte der französischen Sonderpolitik wohl begreiflichen, mit dem Reichsinteresse aber unvereinbaren Plänen

---

[1] Die entscheidende Stelle lautet: ‚il importe de chercher ailleurs la seureté du Roy que dans la capitulation, qui sera faicte avec le futur empereur, dont ses predecesseurs luy ont donné l'exemple de n'observer pas apres l'Election faicte que ce que luy plaist des conditions, qu'on a cru de luy imposer, il importe, dis-je, d'y ajouter de plus fortes precautions en renouvellant par des traictes particuliers les alliances anciennes et en faisant des nouvelles avec tous les princes tant catholiques que protestants ...'

durchaus abgeneigt und auch jetzt wie im Vorjahre gegen jede Particularallianz thätig; andererseits aber waren die Verhältnisse durchaus nicht mehr so, dass der ursprüngliche Plan einer Allianz, welcher so divergirende Interessen verfolgende Staaten vereinigen sollte, hätte verwirklicht werden können. Denn von dem Momente an, da Friedrich Wilhelm von Brandenburg sich gänzlich an Oesterreich angeschlossen hatte und sich rüstete, mit Dänemark, Polen und Oesterreich gegen seinen früheren Bundesgenossen zu kämpfen, war eine Allianz, in welcher Schweden und Brandenburg neben einander Aufnahme finden sollten, kaum mehr ein Ding der Möglichkeit. Zwar war der Kurfürst durch den Anschluss an die österreichische Partei keineswegs gänzlich in das Fahrwasser der Wiener Politik gerathen. Er blieb auch dann selbstständig in seinen Entschliessungen und hat durch sein Vorgehen in der Wahlcapitulationsfrage bewiesen, dass er nicht willens sei so ohne weiters und in jeder Hinsicht die Wünsche Leopolds zu erfüllen. Aber eben Friedrich Wilhelm, der in der Capitulationsangelegenheit das Interesse Leopolds schwer schädigte, indem er demselben durch sein Votum die Unterstützung Spaniens unmöglich machte, war es auch, der durch eine ähnliche Frankreichs Action einschränkende Verfügung die Pläne Ludwig XIV. durchkreuzte[1] und so in Wirklichkeit für jene Gleichgewichtspolitik eintrat, welche der Kurfürst von Mainz immer wieder als das leitende Motiv seiner Handlungen bezeichnete.

Und neben dem Brandenburger wirkten auch andere Fürsten, insbesondere der Kurfürst Karl Caspar von Trier und der Münsterer Bischof Christof Bernard von Galen im antifranzösischen Sinne und halfen redlich mit, die Realisirung der Allianzbestrebungen, für welche auch jetzt wieder in erster Linie der Mainzer thätig war, so lang als möglich hinauszuschieben. Es kann nicht unsere Aufgabe sein, in diesem Zusammenhange die einzelnen Phasen der weiteren Verhandlungen in der Allianzangelegenheit zu verfolgen.[2] Dieselben mussten von den eigentlichen Urhebern der Allianz nach allen Seiten hin geführt werden, und es gab, ganz abgesehen von dem

---

[1] Vgl. insbesondere Heide, l. c. 64 ff.
[2] Vgl. Joachim, l. c. 406 ff.

zuletzt erfolglos gebliebenen Versuche, den Kurfürsten von Brandenburg zum Eintritte in den Bund zu bewegen, der Hindernisse genug, die aus dem Wege geräumt werden mussten, um an das gewünschte Ziel zu kommen. Dieselben zeigten sich insbesondere, als Mitte April die Verhandlungen über die endgiltige Fixirung des Vertragsentwurfes wieder aufgenommen wurden. Denn nicht nur Friedrich Wilhelm suchte die Angelegenheit im wohlverstandenen eigenen Interesse auf die lange Bank zu schieben und dem Unternehmen Hinderniss auf Hinderniss in den Weg zu legen, sondern auch der Bischof von Münster und der Erzbischof von Trier liessen ganz deutlich ihre auf Absonderung und Hemmung gerichteten Gesinnungen zu Tage treten.[1] Und dazu kam, dass Karl Gustav, als man mit ihm ernstlich zu verhandeln begann, durch seine Erklärungen den Alliirten deutlich zu erkennen gab, wie wenig Werth er der ganzen Verbindung beimass, wenn er von derselben nicht die erhoffte Unterstützung zu erwarten hatte. Denn wenn er schon von allem Anfange an die unbeschränkte Hilfeleistung gegen Jedermann gefordert hatte, so wollte er in diesem Momente, wo er als siegreicher Fürst die kühnsten Pläne gefasst, noch viel weniger einem Bunde beitreten, welcher als Grundbedingung festsetzte, ‚dass die Alliirten sich weder direct noch indirect in die zwischen fremden Kronen und Potentaten bestehenden Kriege einzumischen willens seien'. Und wenn die Mittel und Wege einer Einigung, welche die Alliirten dem Vertreter Karl Gustav's Snoilski, in Frankfurt vorschlugen, diesen nicht befriedigten, so wurde das Missverhältniss zwischen Forderung und Zugeständniss um so grösser, als der König von Schweden gegen den immer gefährlicher werdenden Kurfürsten von Brandenburg die Unterstützung der Alliirten in Pommern forderte. Ja es schien einen Moment lang, als ob die Abneigung gegen Schweden, die sich wieder geltend machte, der ganzen Allianzfrage eine neue Wendung geben sollte, insbesondere, da auch die eifrigsten Verfechter der schwedischen Sache, die Kurfürsten von Mainz und Köln die Forderungen Karl Gustavs nicht mehr zu rechtfertigen wagten.[2] Da gab

---

[1] Vgl. Joachim, l. c. 422 ff.
[2] Joachim, l. c. 432 ff.

die Entscheidung in der Wahlangelegenheit den Ausschlag. Denn mit der Kaiserwürde hatte der junge Habsburger seine Macht und sein Ansehen um ein Bedeutendes vermehrt, und wenn es ihm schon als König von Böhmen und Ungarn gelungen war, Baiern, Trier, Münster und Brandenburg auf seine Seite zu ziehen, wie gefährlich konnte er jetzt seinen Feinden und politischen Widersachern werden, wo ihn keine Rücksicht an freier Entfaltung all' seiner Kräfte hinderte. Und je grösser die Furcht vor der Macht des Kaisers war und je mehr man ein energisches Eingreifen desselben in die grossen schwebenden Streitfragen besorgte, desto nothwendiger schien Allen, welchen der Friede Deutschlands am Herzen lag, der Abschluss der lange vorbereiteten Einigung. Da nun aber der Brandenburger der Freund des Habsburgers, der Schwede aber dessen entschiedener Gegner war, die Allianz aber wie sie seit Monaten geleitet wurde, ihre Spitze ganz deutlich gegen das habsburgische Haus kehrte, war die Streitfrage bezüglich der Aufnahme Schwedens oder Brandenburgs bereits entschieden. Den ausserordentlich hohen Forderungen, die Karl Gustav stellte, ist es zuzuschreiben, dass erst nach langwierigen Verhandlungen, die mit der Preisgebung der östlich von der Elbe gelegenen Reichsländer Brandenburgs endigten, die Aufnahme Schwedens in den Bund erfolgte.[1] Viel geringere Schwierigkeiten haben die endgiltigen Abmachungen mit Frankreich verursacht. Theils zu Frankfurt in den letzten Wochen des Juni, theils zu Mainz in den ersten Wochen des August sind die Verhandlungen mit Ludwigs Vertretern zum Abschlusse gebracht worden.[2] Sie haben ihren Ausdruck in dem Rheinbunde vom 15. August 1658 gefunden,[3] der bis auf die neueste

---

[1] Für die letzten Verhandlungen mit Schweden vergleiche Joachim, l. c. 422 ff., 472 ff. Ein unterrichtendes Schreiben über diese schwedischen Verhältnisse mit Hervorhebung der schwedischen Ueberforderungen ist das von Lionne an Brienne vom 18. August 1658. B. M. Harleyana 4531.

[2] Die Berichte Grammont's und Lionne's aus den letzten drei Monaten vor der Wahl enthalten überaus zahlreiche Mittheilungen über den Verlauf der Verhandlungen, die zu schildern ich mit Rücksicht auf die detaillirte Darstellung Joachim's 444 ff. vermieden habe. Mir kam es in diesem Zusammenhange darauf an, die leitenden Motive der französischen Regierung zu bezeichnen.

[3] Vgl. Mignet, Négociations rélatives a la succession d'Espagne II, 14 ff.

Zeit als einer der grössten Erfolge Frankreichs, als einer der glänzendsten Triumphe französischer Staatskunst und zugleich als eines der beschämendsten Documente deutscher Schwäche und Kurzsichtigkeit gegolten hat.[1] Das letztere gewiss nicht ganz ohne Berechtigung. Denn das unwürdige Zugeständniss der eigenen Schwäche und der Unfähigkeit ohne fremde Unterstützung die Interessen des Reiches zu wahren, lag darin, dass die deutschen Fürsten in einer Zeit, wo der nationale Gedanke in den übrigen Staaten in immer weiteren Kreisen des Volkes Wurzel fasste, die Aufnahme jener beiden Mächte in die zur Sicherung Deutschlands bestimmte Einigung nicht nur zuliessen, sondern sogar suchten, jener beiden Mächte, welche so viele Jahre hindurch sich als wahre Feinde des deutschen Volkes erwiesen hatten. Und noch grösser vielleicht als die Schwäche war die Kurzsichtigkeit jener Männer, welche sich der Hoffnung hingaben, dass Ludwig XIV. und Karl Gustav wirklich den Bund ‚zu keines Menschen Offension, am wenigsten gegen Kaiser und Reich' geschlossen, und dass dem deutschen Volke durch diese Einigung die erhabene Rolle eines Schiedsrichters in allen den grossen Streitfragen zufallen werde, die damals die ganze Culturwelt in zwei grosse Lager schieden. Insbesondere Johann Philipp, dem Erzkanzler des Reiches, benahmen seine reichspatriotischen, irenischen Ideen und zugleich der Gedanke, als Haupt des Bundes der Vermittler ganz Europas zu werden und diesem den lang ersehnten Frieden zu schaffen, den freien Blick, durch den er sich sonst ausgezeichnet und durch den er sich die hohe Stellung errungen hatte, die er im Reiche einnahm. Allerdings das darf man bei der Beurtheilung Johann Philipps und seiner Bestrebungen nicht ausser Acht lassen, dass ihm, wollte er den Gedanken einer Einigung nicht ganz aufgeben, bei den im deutschen Reiche herrschenden Zuständen, welche eine Einigung der deutschen Fürsten untereinander unmöglich machten, keine Wahl blieb, als an Oesterreich-Brandenburg oder an Frankreich-Schweden sich anzulehnen. Dass es der nationalen Idee mehr entsprochen hätte, wenn er sich für die erstere Staatengruppe entschieden haben würde, ist

---

[1] Vgl. z. B. die Schlussbemerkungen Valfrey, l. c. 175. Joachim urtheilt über die Bedeutung ruhiger, aber auch richtiger, l. c. 500 ff.

gewiss. Aber ganz abgesehen davon, dass die Mehrzahl der
Verbündeten sich auf das Entschiedenste gegen die Anlehnung
an das Haus Habsburg aussprach, von dessen die Interessen
des Reiches wenig berücksichtigenden Plänen sie genügende
Beweise zu haben glaubten, wird man auch das nicht ausser
Acht lassen dürfen, dass Johann Philipp durch den Anschluss
an Oesterreich die viel gefährlichere Feindschaft Ludwig XIV.
sich zuzuziehen fürchtete und Leopold, dem er die Kaiserkrone
aufs Haupt gesetzt zu haben sich brüstete, viel eher aus-
söhnen zu können hoffte als den König von Frankreich, den
er eben durch die Wahl Leopolds um eine seiner schönsten
Hoffnungen gebracht hatte. Alle diese Erwägungen, zu denen
noch die hinzugefügt werden müssen, dass Johann Philipp
gerade durch die Aufnahme Schwedens und Frankreichs in
die Allianz den Frieden zu sichern dachte, und dass er von der
grenzenlosen Eroberungssucht Ludwig XIV. keine Vorstellung
besass, dürften wohl hinreichen, das Vorgehen des Mainzer
Kurfürsten zu erklären und ihn vor dem schweren Vorwurfe
reichsverrätherischer Pläne zu schützen. Zu rechtfertigen ist
aber seine Politik nicht. Nicht deshalb, weil der Erfolg gegen
ihn entschieden hat, sondern weil man von Johann Philipp,
der die Wahrung der deutschen Interessen als den Leitstern
seiner Politik bezeichnet hat, fordern durfte, dass ihm die
Grösse der Gefahr nicht unklar bleibe, welche dem Reiche
von der Aufnahme Frankreichs und Schwedens in die Allianz
drohten, die schon durch die Friedensschlüsse von 1648 übergrossen Einfluss auf die Reichsangelegenheiten gewonnen hatten,
und deren Interessen in der Wahlcapitulation Leopold I. genügend berücksichtigt worden waren. Von diesem Gesichtspunkte aus betrachtet, werden die Entschlüsse Johann Philipps
in der Allianzfrage als gänzlich verfehlte und der Bund selbst
als einer der gröbsten Irrthümer des Mainzer Kurfürsten bezeichnet werden müssen. Ob man nun aber mit Recht den
Rheinbund einen der grössten Triumphe Mazarin'scher Staatskunst genannt hat, das möchte doch zu bezweifeln sein. Es
hat in diesem Falle, wie so oft zum Schaden der richtigen
Erkenntniss, die Beurtheilung der Leistung nach ihrem Erfolge
stattgefunden. Weil Ludwig XIV. in späteren Jahren den
Einfluss, den er mit durch den Rheinbund gewonnen, in über-

aus vortheilhafter Weise für seine Pläne auszunützen verstand, hat man, von der unrichtigen Voraussetzung ausgehend, dass Mazarin das Alles vorausgesehen habe, in dem Rheinbunde eine der glänzendsten Schöpfungen dieses grossen Politikers erblickt. Wie Mazarin selbst von dem Bunde und dessen Bedeutung dachte, wissen wir. Er war ihm ein erwünschtes Mittel, die in der Wahlfrage erlittene Niederlage zu decken, und förderte nebenbei sein Bestreben, den Einfluss Frankreichs zu steigern und seinen König und Herrn zu dem zu machen, wozu sich dieser dann selbst gemacht hat, zum mächtigsten und gefürchtetsten Herrscher von Europa. So wenig wir aber geneigt sind, diesen Umstand ausser Acht zu lassen, so wenig wir auch die unmittelbare Bedeutung des Rheinbundes für Frankreich überschätzen möchten — der Hauptvortheil der Allianz, die Trennung Oesterreichs von Spanien, war den Franzosen schon durch die Wahlcapitulation zu Theil geworden — so wenig wir Mazarin als Verdienst anrechnen wollen, was Anderen gebührt: als grosser Politiker hat er sich auch in dieser Frage bewährt, vornehmlich dadurch, dass er niemals den ersten Grundsatz jeder gesunden Politik vergass, welchen er selbst aufgestellt hat, und der da lautet, dass die Consequenz eines Staatsmannes nicht darin besteht, dass er stets dasselbe thut, sondern dass all' seine Handlungen einem und demselben Zwecke dienen. Und diesem einen Zwecke, dem Vortheile Frankreichs, dem Ruhme Ludwig XIV. und seiner eigenen Grösse, hat Mazarin auch den Rheinbund dienstbar zu machen gewusst.

IV.

Wollte man sich aus den bislang vorliegenden Publicationen ein Urtheil über die Politik bilden, welche die Kaiser aus dem Hause Habsburg in der Allianzangelegenheit vertraten, so würde dasselbe unzweifelhaft überaus ungünstig ausfallen. Denn was sich als das Resultat der bisherigen Forschung ergibt, ist die Thatsache, dass die Wiener Regierung die Gefahren, welche ihr aus einer Vereinigung so vieler grösserer und kleinerer weltlicher und geistlicher Fürsten drohten, nicht genügend gewürdigt und kaum ernstlich den Versuch gemacht hat, denselben zu begegnen.¹ Allein dem ist nicht so, und wenn man dem Wiener Hofe auch in dieser Angelegenheit den Vorwurf zögernden Benehmens und der Anwendung halber Massregeln nicht wird ersparen können, so glaube ich doch den Nachweis dafür erbringen zu können, dass die österreichische Regierung die Gefahren, welche ihr von einer solchen Verbindung drohten, richtig geschätzt und, soweit die Verhältnisse es gestatteten auch mit einigem Eifer, und nicht ganz ohne Erfolg gegen die im antiösterreichischen Sinne gemachten Anstrengungen angekämpft hat.

Eben diese Verhältnisse, mit denen der Kaiser zu rechnen hatte, muss man sich vergegenwärtigen, wenn man seine Haltung in der Allianzfrage verstehen will. Das Ergebniss eines dreissigjährigen Krieges war für ihn Schmälerung seiner Macht nach aussen und grenzenloses Elend und Noth im Innern gewesen. Weit entfernt, das Ziel erreicht zu haben, das sein Vater im Auge gehabt — unbeschränkte Herrschaft des Kaisers in den deutschen Landen und die Suprematie des habsburgischen Hauses in Europa — fand Ferdinand III. nach eilfjähriger Regierung sein Ansehen im Reiche und in Europa geschwächt, sah den Franzosenkönig im Rathe der Fürsten immer mehr an Bedeutung gewinnen und mit dem Schwedenkönige vereint die Leitung der deutschen Angelegenheiten an sich reissen. Und doch konnte mit Rücksicht auf die gänzlich zerrütteten finanziellen Verhältnisse des deutschen Reiches und der österreichischen Erblande an eine Wiedereroberung des verlorenen Besitzes und Ansehens nicht gedacht werden, und Ferdinand III. musste es schon als einen Erfolg betrachten, wenn es ihm gelang, die Stellung zu behaupten, welche er nach all' den Einbussen an Macht und Ansehen einnahm. Viel leichter nun wäre dieser Wunsch Ferdinand III. zu erfüllen gewesen, hätten er und seine Räthe sich nicht in solch' hohem Grade durch die verwandtschaftlichen Beziehungen bestimmen lassen, welche ihn mit dem in Spanien regierenden Königs-

---

¹ Auch in diesem Punkte bedeutet die Arbeit Joachim's einen wesentlichen Fortschritt gegenüber den früheren Darstellungen. Begreiflich ist, dass ihm, der aus zweiten Quellen für die österreichischen Verhältnisse schöpfen musste, ein grosser Theil des Wesentlichen verborgen blieb.

hause verbanden. Denn der überaus bedeutende Einfluss, den die spanische Partei am Wiener Hofe in den ersten Jahren nach dem Münsterer Frieden ausübte, hat, wie wir behaupten zu können glauben, in sehr nachtheiliger Weise die Entschliessungen des Wiener Hofes bestimmt, und der Wunsch, der mit Frankreich kriegführenden spanischen Monarchie zu Hilfe zu eilen, obgleich eine Unterstützung derselben durch den Friedensschluss untersagt worden war, brachte den Wiener Hof in eine überaus zweideutige und unangenehme Lage. Und je bedeutender und offener die Verletzungen der Friedensbestimmungen durch das Oberhaupt des Reiches wurden, desto berechtigter klangen die Klagen des Franzosenkönigs, desto tiefer sank die Hoffnung der deutschen Fürsten, in dem Kaiser den wahren Hort und Schirmer des Friedens zu finden, dessen sie bedurften; und desto lebhafter wurde der Wunsch, durch eine Einigung der Fürsten unter sich den von allen Seiten drohenden Gefahren zu begegnen. Wir haben gesehen, wie dieser Gedanke sich gegen die Plünderungszüge des Lothringers, Spaniens Bundesgenossen zu schützen, die Einigung der drei geistlichen Kurfürsten des Reiches im März des Jahres 1651 herbeigeführt hat. Der Kaiser, dem die Verbündeten von ihrem, wie sie behaupteten, im allgemeinen Reichsinteresse gethanen Schritte Mittheilung machten,[1] verhielt sich kühl, zurückhaltend. Er beantwortete ihr Schreiben nicht, liess ihnen aber auf indirectem Wege die Mahnung zukommen, künftighin von derartigen Einigungen abzusehen.[2] Hatte ja doch diese Verbindung die Abwehr des mit Spanien verbündeten Lothringers zum Ziele. Auch glaubte die Wiener Regierung ihre ablehnende Haltung gegen solche Particularbündnisse rechtfertigen zu können. Sie wies darauf hin, dass die Versammlung, welche den Bestimmungen des Friedens von 1648 gemäss bereits längst tagen sollte, in Bälde zusammentreten und die zur Beseitigung der im Westen drohenden Gefahren nothwendigen Massregeln ergreifen werde. Als aber der Versuch, auf dem Regensburger Reichstage in den vielen Punkten, bezüglich derer das Friedensinstrument von 1648 keine Entscheidung gebracht hatte, zu

---

[1] Vgl. Joachim, l. c. 8.
[2] Joachim, l. c. 10.

einem Ergebnisse zu gelangen, kläglich gescheitert, die Hoffnung, durch allgemeine Massregeln die schweren Mängel des deutschen Reichswesens zu beseitigen und den von aussen drohenden Gefahren vorzubeugen, vernichtet war, zugleich aber die Angriffe des Lothringers und der Spanier immer gefährlicher, der Unwillen der bedrohten Fürsten immer heftiger wurde, im deutschen Reiche unter den Fürsten grössere und kleinere Conflicte ausbrachen und eine Reihe deutscher Fürsten sich durch die Allianz vom 15. December 1654 zu gemeinsamer Abwehr der Allen drohenden Gefahr verbanden; da konnte der Kaiser, wollte er nicht den Vorwurf auf sich laden, das Interesse seines Hauses in einer nicht zu rechtfertigenden Weise dem Reichswohle vorzuziehen, das Notificationsschreiben der Alliirten nicht unbeantwortet lassen. In der That hat Ferdinand das Schreiben der Verbündeten nicht nur alsbald beantwortet, sondern seine Billigung ihres Unternehmens ausgesprochen und seinen kaiserlichen Schutz für alle Fälle in Aussicht gestellt.[1] Es waren Gründe gewichtigster Natur, welche ihn trotz seiner principiellen Abneigung gegen die Selbsthilfe der Fürsten zu diesen den Alliirten so günstigen Entschliessungen veranlassten. Erstens befanden sich unter den Mitgliedern des Bundes vom 15. December 1654 zwei Kurfürsten, deren Stimmen er in diesem Momente, wo er nach dem unerwarteten, plötzlichen Tode des römischen Königs Ferdinand IV. die Wahl seines jüngeren Sohnes Leopold durchzusetzen bestrebt war, dringend bedurfte; sodann aber hoffte der Kaiser in diesen Fürsten eine nicht zu unterschätzende Hilfe gegen den jungen Schwedenkönig zu finden, falls dieser, wie man in Wien fürchtete, seine begehrlichen Blicke auf Deutschland richten und hier den geeigneten Ort für seine Eroberungsgelüste zu finden hoffen sollte. Und noch viel verständlicher wird uns das Vorgehen des Kaisers, wenn wir erwägen, dass er damals bereits in ernsten Unterhandlungen mit dem Kurfürsten von Mainz begriffen war, um seinerseits eine Einigung zu Stande zu bringen, deren Haupt er selbst, dessen mächtigste Glieder die Kurfürsten von Mainz, Baiern und Sachsen werden sollten.[2]

---

[1] Joachim, l. c. 37, 42.

[2] Für die Schilderung der Politik des Wiener Hofes lag mir neben den umfassenden Berichten Volmar's noch eine Denkschrift vor, welche

Verfolgen wir, wie diese Idee Gestalt gewonnen hatte. Am Schlusse der Regensburger Verhandlungen, als die Erfolglosigkeit derselben selbst den kurzsichtigsten Beurtheilern klar geworden war, hatte Johann Philipp von Mainz dem Kaiser Ferdinand ‚auß angeboren guetten Vertrauen' vorgetragen, dass bei den besorgnisserregenden Zuständen und den in ganz Europa wüthenden Kriegen die Gefahr bestünde, dass auch das Reich in diese Kriege hineingezogen werde, und dass es daher im Interesse des Reiches und zur Abwehr jedes Unheils höchst nothwendig wäre, ‚dass Ihro Maj. mit beeden Herrn Churfürsten Bayern und Sachsen sich einer engeren Zusammensetzung auff alle nothfähl vergleichen thet, worzu Er seines orths sich gern auch verstehen wolte, wans Ihre Maj. also belieben thete'.[1] Der Kaiser erwiderte darauf: er hoffe die Angelegenheiten des Reiches auf so gute Einmüthigkeit gegründet, dass es dergleichen besonderer Verbindungen nicht bedürfe, doch wolle er der Sache mehr nachdenken und nicht unterlassen, den Kurfürsten von dem, was sich ereigne, in Kenntniss zu setzen. Die Zurückhaltung des Kaisers hatte seine guten Gründe. Es galt vorerst, sich der Mitwirkung Baierns und Sachsens, insbesondere der ersteren Macht, zu vergewissern. Graf Ferdinand Kurtz, der in Reichsangelegenheiten vielerfahrene Reichs-Vicekanzler wurde vom Kaiser ausersehen, die Stimmung des Münchener Hofes zu erkunden. Allein die bairische Regierung, insbesondere Graf Maximilian Kurtz, der Bruder des österreichischen Staatsmannes, dessen Stimme in allen Fragen der Politik entschied, hielt, wie ja Ferdinand III.

---

dieser Staatsmann im Jahre 1659 über die ganze Angelegenheit und die von ihm geführten Verhandlungen verfasset hat, und welche sich heute unter den Acten des Wiener Staatsarchives befindet. Der Titel dieser Denkschrift lautet: ‚Recapitulatio was aus Befehl weiland Ihrer Majestät Ferdinand III. gleich nach geendigtem Regensburger Reichstag anno 1654 und dann nach Ihrer Majestät Ableben sowohl im Interregnum als nach der Wahl des jetzt regierenden Kaisers Leopold in puncto einer Bundeseinigung mit Herrn Kurfürsten Mainz anfangs, als auch bald darauf mit Köln, Neuburg, Braunschweig-Lüneburg und Hessen-Cassel, sodann endlich mit Einziehung beider Kronen Schweden und Frankreich vorgangen.'

[1] Das und das Folgende nach der erwähnten Denkschrift Volmar's.

selbst, solche Sonderbündnisse für wenig vortheilhaft und meinte in jedem Falle auf Erklärungen des Mainzers bestehen zu müssen, auf welche Weise diese Zusammensetzung erfolgen solle, bevor er einen festen Entschluss empfehlen könne. In diesem Sinne wurde denn auch Graf Volmar, ein gutgesinnter, aber wenig bedeutender, überaus jähzorniger Mann, der gerade in dieser Zeit mit dem Auftrage an den Hof des Mainzers gesendet wurde, diesen Fürsten für die Wahl Leopold I. zu gewinnen, dahin instruirt, den Kurfürsten an das mit dem Kaiser geführte Gespräch zu erinnern und um Angabe der Mittel und Wege zu bitten, wie diese Allianz einzurichten sei.[1] Es war ein dem kaiserlichen Begehren günstiger Moment, in welchem Volmar mit diesen Erklärungen an den Hof des Mainzer Kurfürsten kam. Denn dieser, mit dem Kurfürsten von Köln in heftiger Fehde, kam dem Vertreter Ferdinand III. freundlich entgegen und rieth, indem er neuerdings die Nothwendigkeit der Allianz betonte, kriegsverständige Leute nach München und Dresden zu senden, um dort unter dem Vorwande irgend welcher anderer Geschäfte über diese Einigung zu berathen, welche die Erhaltung des allgemeinen Friedens bezwecken sollte. Als wesentlichstes Erforderniss bezeichnete der Kurfürst von Mainz die Festsetzung einer genügenden Truppenzahl und die Auflage eines zur Erhaltung dieser Truppe ausreichenden Pfennings. Von der Aufnahme Kölns wollte der Mainzer nichts hören. Insbesondere die beabsichtigte Allianz Maximilian Heinrichs mit Friedrich Wilhelm von Brandenburg brachte Johann Philipp als Beweis der dem Reichsfrieden und dem Kaiser wenig günstigen Stimmung des Kölner Erzbischofs vor.[2] Johann Philipp dürfte daher wenig erfreut gewesen sein, als bald darauf Graf Ferdinand Kurtz im Auftrage des Kaisers ihn ersuchte,[3] da Baiern die Aufnahme Triers und Kölns in diesen Bund wünsche, weil es sonst das Ansehen gewinnen könnte, als sei man katholischerseits innerhalb des Kurfürstencollegs getheilter Ansicht, diesem Wunsche zu will-

---

[1] Instruction für Volmar vom 20. August 1654; citirt in der Denkschrift.
[2] Bericht Volmar's vom 12. Oct. 1654. W. A. (Wahlacten).
[3] Nach der Denkschrift Volmar's war das Schreiben vom 14. October 1654 datirt.

fahren und die beiden Kurfürsten zur Betheiligung an den Berathungen einzuladen. Johann Philipp erklärte dem kaiserlichen Gesandten, er hoffe den Trierer zu gewinnen, müsse aber Bedenken tragen, seine Zustimmung zu Verhandlungen mit dem Kölner zu geben, mit dem er in Unfrieden lebe, und der gerade in diesem Augenblicke eine Allianz mit Brandenburg geschlossen habe.[1] Wir sehen, wie sehr persönliche Neigungen und Wünsche die Entscheidungen des Kurfürsten beeinflussten, der damals an den Anschluss an Frankreich und Schweden noch nicht dachte, dem eine Einigung mit dem Kaiser principiell überaus wünschenswerth schien, zu gleicher Zeit aber seine Interessen gewahrt zu wissen wünschte. Am 22. December 1654 fand in Gegenwart der vornehmsten Räthe Ferdinand III. die entscheidende Berathung über das Allianzproject statt.[2] Die wichtigste Sorge der Wiener Regierung, die Beförderung der Wahl Leopolds zum römischen Könige, wurde auch für die Bundesfrage von ausschlaggebender Bedeutung. Einer der einflussreichsten Minister Ferdinands, der spanierfreundliche Auersperg, behauptet sogar, ‚dass das punctum foederis das frühere sei, als von welchem der Erfolg des anderen (der Wahl) dependire'. Zu gleicher Zeit betonte er aber die Nothwendigkeit die Verhandlungen möglichst geheim zu führen. Deswegen schlug er vor, Frankfurt als Berathungsort zu wählen, weil der dort tagende Deputationstag die beste Gelegenheit biete, die Verhandlungen in aller Stille zu führen. Er rieth ferner, das Project der Allianz impersonaliter aufzusetzen und so zu formuliren, dass Keiner, welcher Religion er auch angehöre, den geringsten Anstoss nehmen und behaupten könne, dass der Kaiser Krieg suche; daher denn auch gleich im ersten Artikel ausdrücklich die defensive Natur des Bündnisses hervorzuheben wäre und der Kaiser überdies erst nach Einigung mit den übrigen Gliedern der Allianz die Höhe der von ihm zur Verfügung zu stellenden Truppen bezeichnen sollte. Und ähnlich wie Auersperg sprachen auch die übrigen Räthe Ferdinand III., unter denen insbesondere

---

[1] Bericht Volmar's vom 2. November 1654.
[2] Conferenzprotokoll vom 22. December 1654. W. A. (Wahlacten). Anwesend waren: Dietrichstein, Auersperg, Kurtz, Goldeck, Oettingen, Gebhard und Secretär Schröder.

Graf Kurtz lebhaft für die Allianz eintrat.[1] Ganz im Sinne dieser Conferenzbeschlüsse lautet denn auch die Weisung für Volmar.[2] Nachdem der bisherige Verlauf der Verhandlungen zu dem Ergebnisse Berechtigung gegeben, das war der wesentliche Inhalt derselben, dass Mainz zum Bunde bereit sei und es auf sich nehme, Trier zu gewinnen, Kurköln aber nach dem von dem Grafen Egon von Fürstenberg an Kurtz abgelassenen Schreiben gleicher Weise nicht ungeneigt scheine, in eine solche Einigung einzutreten; da Baiern nicht nur seine principielle Geneigtheit ausgesprochen, sondern den Rathschlag ertheilt habe, noch vor beginnendem Deputationstage über die einzelnen Bestimmungen der Allianz zu berathen, einen Entwurf zu verfassen und diesen den nach Frankfurt beorderten Räthen mitzugeben, damit der Bund um so schneller geschlossen werden könne, möge der Kurfürst von Mainz seine Ansicht über die folgenden drei wichtigsten Punkte, auf welchen die Einigung beruhen müsste, äussern, 1. ‚dass diese Zusammensetzung einzig und allein zur Defension und Rettung eines jeden, respective Königreich, Fürstenthum und Lande und dero zuständigen Unterthanen Schirm und Schutzverwandten wider alle unvorhergesehene Gewalt, Einfall, Durchzug und Ueberzug, gewaltthätige Einquartierung, Musterplätze, Geldauspressung und dergleichen, zu Vollstreckung und Handhabung des gemeinen Friedens, sonst aber zu keines Menschen Offension gemeint und angesehen'; 2. in welcher Weise und in welcher Höhe die Unterstützung durch den Kaiser und 3. in welcher Weise die Unterstützung des Kaisers erfolgen solle. Als Volmar am 11. Januar 1655 an Johann Philipp herantrat und um Beantwortung dieser Fragen bat, fand er denselben bei Weitem zurückhaltender als vordem. Der Kurfürst von Mainz erklärte, es komme ihm, da der sächsische Hof der Einigung nicht günstig zu sein scheine, überaus bedenklich vor, in ein Bündniss zu willigen, das blos katholische Glieder umfassen würde, da eine derartige Allianz bei den Protestanten Besorgniss erregen

---

[1] Ueber die Art und Weise, wie die Verhandlungen gepflogen werden sollten, entspann sich eine längere Debatte, an der sich insbesondere Auersperg, Goldeck und Gebhard lebhaft betheiligten.

[2] Weisungen Ferdinand III. an Volmar, 29. December 1654 und 2. Januar 1655. W. A. (Wahlacten).

und Anlass zu Bündnissen mit fremden Mächten geben könnte und auf diese Weise dem Hauptziele des Kaisers — der Wahl Leopolds — eher hinderlich als förderlich sein würde. Er halte es daher für zweckmässig, die Sache bis zum Beginne der Deputationsverhandlungen auf sich beruhen zu lassen.[1] Volmar vermochte sich die ablehnende Haltung des Mainzers nicht zu erklären, umsoweniger, als er wusste, dass gerade in diesen Tagen dem Mainzer Kurfürsten von den Unterzeichnern der Allianz vom 15. December 1654 das Anerbieten des Eintrittes in ihren Bund gestellt worden war und weil er aus der Bereitwilligkeit mit welcher der Mainzer sich zu weiteren Verhandlungen über diese Frage erbot, den Schluss einer voraussichtlich bald erfolgenden Einigung Johann Philipps mit dem Kölner Erzbischofe ziehen zu können glaubte. Der Kurfürst von Mainz selbst hat aber einige Wochen später dem Kaiser gegenüber gerade die Furcht vor dem Kölner Erzbischofe, dessen Verbindung mit Brandenburg und dessen Hinneigung zu Frankreich er kannte, als den Grund bezeichnet, welcher ihm die Einstellung der Verhandlungen über das kaiserliche Project der Allianz als zweckmässig habe erscheinen lassen. Ob nun wirklich die Unsicherheit über Maximilian Heinrichs Haltung die Entschliessungen des Mainzer Kurfürsten in erster Linie bestimmt, oder ob nicht andere Einflüsse, theils persönlicher, theils sachlicher Art in erheblicherer Weise mitgewirkt, möge dahingestellt bleiben. Gewiss ist, dass Volmar, der an der Aufrichtigkeit der mainzischen Eröffnungen nicht zweifelte, bei der ablehnenden Haltung Johann Philipps die Reise an die Höfe der beiden anderen geistlichen Kurfürsten ohne neuerlichen Befehl zu unternehmen, Bedenken trug. Man war in Wien, als Volmar's Berichte einliefen, über Johann Philipps Benehmen sehr ungehalten; denn man wusste daselbst sehr wohl, welcher Vortheil für das Wahlwerk in der Einigung und dem näheren Anschlusse des Wiener Hofes an die Kurfürsten des Reiches lag, und war noch immer der Ansicht, dass der Kölner Kurfürst einer Verbindung mit dem Kaiser durchaus nicht so abgeneigt sei, als Johann Philipp annahm. Wusste doch die Wiener Regierung, dass die Leitung der Geschäfte des Kölner

---

[1] Bericht Volmar's vom 14. Januar 1655. W. A. (Wahlacten).

Erzbischofs in den Händen der beiden Fürstenberg lag, und dass es nur von der Höhe des Betrages abhing, in welchem Grade sich die Begeisterung derselben für Frankreich in einen tödtlichen Hass gegen dieses Reich und in unveränderliche Treue gegen das Erzhaus verwandeln würde. Unter diesen Umständen dachte der Wiener Hof noch einen Versuch bei Johann Philipp wagen zu müssen. Volmar erhielt daher Befehl dem Kurfürsten von Mainz nochmals die Bedeutung dieser Einigung für das Reich vor Augen zu halten, ihm die Versicherung zu geben, dass des sächsischen Ministers Friesen Erklärungen nur privater Natur gewesen, aus seinen späteren Schreiben aber zu erkennen sei, dass Sachsen, falls die Einigung zu Stande komme, sich nicht ausschliessen werde; zugleich aber den Entschluss des Kaisers dem Kurfürsten von Mainz kund zu thun, auch ohne Sachsen das geplante Bündniss einzugehen, falls dieses wider alles Erwarten sich doch weigern sollte, demselben beizutreten. Es war nichts als eine Consequenz dieser Erklärungen, wenn dann Volmar Johann Philipp die Mittheilung zu machen beauftragt wurde, dass der Kaiser ihm befohlen habe, sich an den Hof des Trierers und Kölners zu begeben, um diese beiden Fürsten für die geplante Allianz zu gewinnen.[1] Der Kurfürst von Mainz, dem Volmar von diesen Entschlüssen des Kaisers Mittheilung machte, liess sich nicht umstimmen. Er blieb nach wie vor bei seiner Ansicht von der Nothwendigkeit, die Allianzverhandlungen für einige Zeit auf sich beruhen zu lassen.[2] Allein seine Versuche Volmar wiederum von der beabsichtigten Reise an die Höfe der benachbarten geistlichen Kurfürsten abzuhalten, hatten diesmal keinen Erfolg; Volmar trat seine Mission an. Das Ergebniss derselben war ein rein negatives. Beide Kurfürsten erklärten den Schutz, dessen sie bedurften, durch die Allianz mit ihren Nachbarn bereits gefunden zu haben; eine weitere Einigung sei daher überflüssig.[3] Nach solchen Erklärungen war an eine Fortführung der Allianzverhandlungen von Seite des Wiener Hofes nicht zu denken, umsoweniger, da derselbe einen Bruch, zu welchem die Verhandlungen mit den Kurfürsten bei deren wenig respectvollem

---

[1] Weisung an Volmar vom 30. Januar 1655. W. A. (Wahlacten).
[2] Bericht Volmar's vom 13. Februar 1655. W. A. (Wahlacten).
[3] Ebendaselbst.

Benehmen führen konnten, im Hinblicke auf die beabsichtigte Königswahl zu vermeiden wünschte. Erst als Volmar, auf die Kunde von dem erfolgten Abschlusse der Frankfurter Convention vom August des Jahres 1655, von dem mainzischen Kanzler Meel Rechenschaft über das Vorgehen Johann Philipps forderte, Meel aber darauf hinwies, dass diese Convention nur eine Erneuerung der im Jahre 1651 abgeschlossenen Einigung sei, und dass gerade durch des Mainzers Hinzuthun der Beschluss gefasst worden sei, den Kaiser von dem Inhalte in Kenntniss zu setzen, war der Wiener Hof wieder in der Lage, sich von Neuem an Johann Philipp um Förderung der Allianzpläne zu wenden.[1] Allein wie wenig ernst es der Mainzer meinte, zeigte sich, als Volmar ihm im Namen Ferdinand III. die Mittheilung machte, dass der Münchener Hof, an den sich der Reichs-Vicekanzler Graf Kurtz im Sommer des Jahres 1655 begeben, um denselben zu entscheidendem Schritte in der Wahl- und Rüstungsangelegenheit[2] zu bewegen, sich bereit erklärt habe, zur Rüstung, soweit es in des Kurfürsten Macht stehe, beizutragen, und dass der Kaiser daher die Wiederaufnahme der Verhandlungen mit Mainz fordere. Denn Johann Philipp erklärte, erst zurückhaltender, dann immer offener, er zögere zwar keinen Augenblick, die Vortheile einer derartigen engeren Zusammensetzung anzuerkennen, müsse aber das offene Geständniss ablegen, dass er die Mittel und Wege nicht kenne, auf denen in dem gegenwärtigen Momente diese Einigung erfolgen könnte.[3] Und er hielt mit den wahren Gründen der Schwierigkeiten, die sich der von ihm ursprünglich beantragten Einigung, deren Verwirklichung der Kaiser mit grossem Eifer anstrebte, in den Weg gestellt hatten, jetzt nicht mehr zurück. Dieselben wurzelten vornehmlich in der Stellung der grossen protestantischen Mächte zu dem Hause Habsburg. Der weitblickende Mainzer Kurfürst war keinen Augenblick darüber im Zweifel, dass die Verhandlungen der Katholiken in Frankfurt nicht geheim

---

[1] Weisung des Kaisers vom 21. August 1655, citirt in der erwähnten Denkschrift.
[2] Für die Mission Kurtz an den bairischen Hof im Jahre 1655 vergleiche W. Arndt, Zur Vorgeschichte der Wahl Leopold I., in dem zu Ehren Waitz, 1886 erschienenen Sammelbande 567 ff.
[3] Bericht vom 10. September 1655. W. A. (Wahlacten).

bleiben und von den Protestanten übel gedeutet werden und dass diese sich niemals zum Eintritte in einen Bund bereit finden lassen würden, dessen nominelles und wirkliches Oberhaupt der Kaiser sein musste. Am allerwenigsten der junge Schwedenkönig, dem der Besitz von Bremen und Verden Stimme und Sitz im deutschen Reichstage gegeben, der selbst im Siegeszuge den katholischen Polenkönig immer weiter zurückdrängte, während sein in Deutschland an allen Höfen intriguirender Minister, Graf Schlippenbach, dem Hass und der Unzufriedenheit der deutschen Fürsten mit dem Regierungssysteme des Habsburgers immer neue Nahrung zu geben beflissen war. Aber auch der Kurfürst von Brandenburg, der nach langem Schwanken sich dem Schwedenkönige zuwendete, konnte nicht anders als einem Bunde entgegenarbeiten, dessen Leitung dem Hause Oesterreich zufallen sollte. Und welche Folgen musste eine solche Allianz haben, wenn es auch gelang, sie all' diesen Mächten zum Trotze durchzuführen? Durfte denn der Mainzer hoffen, den Reichsfrieden, um dessentwillen die Einigung geplant war, durch dieselbe zu sichern? Musste er nicht vielmehr fürchten, durch einen offenen Anschluss an das katholische Haus der Habsburger die Rache der beleidigten protestantischen Fürsten und aller übrigen Feinde dieses Hauses, in erster Linie Frankreichs auf sich zu laden? Und zu alledem kam noch ein Moment, dessen der Kurfürst von Mainz Volmar gegenüber begreiflicher Weise keine Erwähnung that, das aber nicht in letzter Linie die ablehnende Haltung desselben erklärlich macht — sein Ehrgeiz. Johann Philipp hat gewiss die Einigung der Fürsten im Interesse des Reiches gewünscht, aber doch nur so, dass zugleich seine persönlichen Interessen gefördert und sein Ansehen sowie sein Einfluss durch dieselbe einen erheblichen Zuwachs erhalten würden. In untergeordneter Stelle verbleiben, Andere die Früchte seiner Bemühungen geniessen lassen und sich selbst mit dem Bewusstsein der grossen That trösten, das war nicht nach dem Geschmacke des Mainzer Kurfürsten. Und was Anderes konnte er von einer Einigung erwarten, deren Mitglied der Kaiser werden sollte, dem seine Stellung im Reiche und die Macht seines Hauses es überaus leicht machen musste, den Mainzer an die Mauer zu drücken, sobald es ihm beliebte, insbesondere, wenn in diesen Bund nur Anhänger der österreichischen Politik Aufnahme fanden? Dass Johann Philipp, trotzdem alle diese Bedenken auch zwei Jahre vorher sich ergeben mussten, aus freien Stücken an den Kaiser mit der Bitte einer Einigung herangetreten war, scheint auf den ersten Blick kaum begreiflich, und man wäre fast versucht, zu glauben, der Mainzer habe diese ersten entgegenkommenden Schritte blos unternommen, um sich über die Stimmung des Kaisers zu orientiren und die Gefahren kennen zu lernen, die dem Unternehmen von dieser Seite drohten. Allein ganz abgesehen davon, dass Johann Philipp damals den Allianzbestrebungen der rheinischen Fürsten ferne stand und ihm bei dem wenig freundschaftlichen Verhältnisse zu Köln und den von allen Seiten drohenden Gefahren ein Rückhalt an den Kaiser überaus wünschenswerth erscheinen musste, wird zur Erklärung des Wechsels in seinem Benehmen doch wohl auch der Umstand in Betracht zu ziehen sein, dass Johann Philipp zu Ende des Regensburger Reichstages der Gedanke der Anlehnung an die grossen ausserdeutschen Länder noch gänzlich ferne gelegen sein dürfte.

In Wien liess man die Sache, als Volmar von seinem missglückten Versuche die drei geistlichen Kurfürsten für die Pläne des Kaisers zu gewinnen, berichtete, fürs Erste auf sich beruhen. Die Verwickelungen im Nordosten und im Westen, sowie die Sorge um die Wahl Leopolds gaben genug zu thun, und die Abmachungen zu Frankfurt schienen der Wiener Regierung durchaus nicht beunruhigend. In der That hätte der Kaiser von einem Bunde, wie sich jener der rheinischen Fürsten im Herbste des Jahres 1655 präsentirte, nichts zu fürchten gehabt. Allein Johann Philipp wusste ebenso gut wie die Räthe Ferdinand III., dass dem Bündnisse in seiner gegenwärtigen Gestalt keine Bedeutung zugeschrieben werden könne, und in dieser Erkenntniss und dem Bestreben des Mainzers der Allianz neue Glieder unter den Grossmächten Europas zu werben, lag die Gefahr für den Kaiser. Wir haben gesehen in welcher Weise der Kurfürst für die Erweiterung des Bundes thätig war, wie er bald mit Unterstützung seiner Mitverbündeten, bald ohne dieselben, manchmal auch gegen ihren Willen, mit den Staaten und mit den Braunschweigischen und Hessen-Cassel'schen Fürstenhäusern anknüpfte, wie er mit den beiden mächtigen protestantischen Fürsten, dem Könige von Schweden und dem Kurfürsten von Brandenburg, Fühlung suchte. Aber auch noch nach einer anderen Seite richtete er damals seine Blicke. Den Kurfürsten von Baiern — nach dem Kaiser der mächtigste katholische Fürst Deutschlands — wünschte er für den Bund zu gewinnen. Es war ein Schlag, so recht gegen Ferdinand geführt, der, wenn er traf, von unberechenbaren Folgen sein musste. Man darf vielleicht behaupten, in diesem Momente habe von der Entschliessung des jungen Kurfürsten von Baiern das Schicksal Europas abgehangen. Wahrlich eine seltene Stellung war es, welche Ferdinand Maria überhaupt in diesen Jahren in Europa einnahm. Weit über die reale Macht seines Staates reichte die Bedeutung seiner Entschliessungen und unzweifelhaft hätte er, wenn er gewollt, seinem Hause, wenigstens für kurze Zeit, den Glanz wiederzugeben vermocht, der dasselbe einstens umstrahlt. Und selten ist wohl ein Herrscher derartigen Versuchungen ausgesetzt gewesen wie der junge Fürst, dem in so bedeutungsvoller Zeit die Leitung des bairischen Landes zugefallen war. Denn unablässig sprachen die Vertreter der mächtigsten Fürsten an seinem Hofe vor, nicht um von ihm Unterstützung zu fordern, sondern um ihm Unterstützung anzubieten, nicht um seine Wahlstimme für einen andern Fürsten zu begehren, sondern um die Stimmen der übrigen Wähler ihm anzutragen. Boten auf Boten, Unterhändler auf Unterhändler sandte der geniale französische Staatsmann nach München, um den Kurfürsten zur Aufstellung seiner Candidatur für die Kaiserwürde zu vermögen und ebenso lebhaft wie Frankreich drangen auch die übrigen Oesterreich feindlichen Mächte, insbesondere Schweden, in Ferdinand Maria, die günstige Gelegenheit, seinem Hause die Kaiserkrone zu erwerben, die schon einen seiner Ahnen geschmückt, nicht vorübergehen zu lassen. Und nicht ohne Eindruck auf den jungen Fürsten blieben diese Lockungen.

Körperlich und geistig nicht hervorragend und überaus unselbständig, war Ferdinand Maria doch nicht ohne Ehrgeiz. Insbesondere in späteren Jahren, als Adelheid von Savoyen, seine Gemahlin, bedeutenden Einfluss auf ihn nahm,[1] hat der

---

[1] Vgl. auch den Aufsatz von Heide im 2. Bande der Cotta'schen Zeitschrift für Geschichte, Culturgeschichte und Literatur 1885.

Gedanke grosser Macht und äusserer Ehre ihn stark bewegt, und wenn er auch während des Interregnums, als die Bedenken, welche er zu Lebzeiten des Kaisers gegen die Aufstellung seiner Candidatur für die Kaiserwürde vorgebracht hatte, weggefallen waren, von dem Versuche, die Kaiserkrone zu erlangen, abstand, so dürfte dies mehr seiner Energielosigkeit und Aengstlichkeit, als reichspatriotischen Ideen zuzuschreiben sein. Gewiss aber haben zu dem Siege der österreichischen Partei nicht in letzter Linie jene Personen beigetragen, welche in diesen ersten Jahren die tägliche Umgebung des jungen Kurfürsten bildeten, insbesondere des Kurfürsten Mutter, Maria Anna, Ferdinand III. Schwester, und Graf Maximilian Kurtz, der Bruder des Reichs-Vicekanzlers, ein etwas ungehobelter, aber durchaus treuer, gescheidter und energievoller Mann, welcher in dem entscheidenden Momente mit dem ganzen Ansehen, das er bei Ferdinand Maria genoss, für die Interessen des Kaisers eingetreten ist.[1]

An diesen Fürsten nun hatte sich schon im Jahre 1655 der Herzog von Neuburg mit der Anfrage gewendet, ob er bereit sei, dem Bunde beizutreten, der von den rheinischen Fürsten im Interesse des Reichsfriedens geschlossen worden sei.[2] Ferdinand Maria gab seiner Geneigtheit, in die Allianz einzutreten, Ausdruck. Wir wissen, dass dies mit Einwilligung und im Sinne des Wiener Hofes geschah. Die Alliirten aber, von denen blos der Mainzer über die Stellung des bairischen Hofes zum Wiener genau orientirt war, waren ihrerseits über die Erklärungen des Kurfürsten von Baiern sehr erfreut. Sie verfassten noch im December 1655 das von Ferdinand Maria gewünschte Einladungsschreiben. Gegen Ende Januar gelangte dieses in die Hände des Kurfürsten.[3] Die Antwort desselben war eine arge Enttäuschung für die Alliirten, welche die ersten Erklärungen in einer für sie überaus günstigen Weise gedeutet hatten. Jetzt erfuhren sie, wie Ferdinand Maria über ihre Allianz dachte. Er sei — so lautet seine Antwort — nicht abgeneigt, in Frankfurt über seinen Eintritt in den Bund zu

---

[1] Im Wiener Archive ist die umfassende Correspondenz der beiden Brüder vorhanden.
[2] Vgl. Joachim, l. c. 94.
[3] Joachim, l. c. 100.

berathen, doch sei die Heranziehung Sachsens unbedingt nothwendig, im Uebrigen eine allgemeine Reichsverfassung der Particularallianz, auf welche die Alliirten ihr Absehen gerichtet hätten, vorzuziehen.[1] Dem Wiener Hofe, der mit Spannung die Haltung des Kurfürsten von Baiern beobachtete, hatte Volmar noch im Verlaufe des Januar 1656 Mittheilung von den Entschliessungen Ferdinand Marias gemacht.[2] Bald darauf meldete dieser selbst dem Kaiser, wozu er sich entschlossen, und dass er gewillt sei, in Frankfurt die Idee einer allgemeinen Reichsverfassung aufzunehmen.[3] Mit diesem letzteren Gedanken war nun aber die Wiener Regierung durchaus nicht einverstanden. Die Bedenken, welche der Kurfürst von Mainz gegen die öffentliche Verhandlung der Allianzangelegenheiten in Frankfurt vorgebracht hatte, schienen dem Wiener Hofe stichhältig, und da man daselbst an eine Täuschung seitens des Kurfürsten noch nicht glaubte, der gerade damals wieder seine Geneigtheit aussprach, die Verhandlungen des Kaisers mit den rheinischen Alliirten zu fördern, so meinte man im eigenen Interesse zu handeln, wenn man dem Kurfürsten von Baiern rieth, vorerst von dem Vorschlage der allgemeinen Reichsverfassung abzustehen und sich mit einer Verbindung des Kaisers und Baierns mit den bereits alliirten rheinischen Fürsten zu begnügen.[4] Wie gross der Einfluss der im österreichischen Interesse wirkenden Partei am Münchner Hofe war, zeigte sich sogleich. Denn Ferdinand Maria erklärte sich auf das Schreiben des Kaisers hin sofort bereit, von seinem früheren Plane abzulassen und vorerst in Frankfurt in der vom Kaiser gewünschten beschränkten Weise über den weiteren Ausbau der Allianz zu verhandeln.[5] Bevor aber diese Erklärung in Wien einlangte, hatte der Kaiser — so sehr traute er dem Mainzer — Johann Philipp von den Plänen Baierns in Kenntniss gesetzt und um seinen Rath gefragt.[6]

---

[1] Joachim, l. c. 101.
[2] Bericht vom 10. Januar 1656, citirt in der Denkschrift.
[3] Schreiben Ferdinand Marias an Ferdinand vom 4. Februar 1656. W. A. (Bavarica).
[4] Schreiben des Kaisers an Ferdinand Maria vom 22. Februar 1656. W. A. (Bavarica).
[5] Ferdinand Maria an Ferdinand III. vom 11. März 1656. W. A. (Bavarica).
[6] Schreiben des Kaisers an Kurmainz vom 21. März 1656, citirt in der Denkschrift.

Und als der Kurfürst in höflicher, aber ablehnender Weise das Schreiben des Kaisers beantwortete, da fasste Ferdinand auch diese Erklärung als eine gut gemeinte Abmahnung der öffentlichen Verhandlungen auf und gab Volmar Befehl, noch vor jedweder Berathung mit dem Vertreter des Kurfürsten von Baiern neue Verhandlungen mit Johann Philipp und dessen Verbündeten zu pflegen. Im Uebrigen hatte Volmar — und das ist von grosser Bedeutung — Befehl, die Aufnahme protestantischer Fürsten in die Allianz ebenso sehr zu empfehlen wie die Katholischer.[1] Der streng katholische Standpunkt wurde eben von dem Wiener Hofe bei dieser Gelegenheit keineswegs so stark betont, wie dies noch neuestens behauptet worden ist.[2] Und auch davon kann nicht die Rede sein, dass der Kaiser geheime Abmachungen mit Baiern und Mainz mit Ausschluss der übrigen Glieder des Bundes vorgeschlagen hat, um Misstrauen und Argwohn bei diesen zu erwecken und so den unbequemen rheinischen Bund zu sprengen.[3] War ja Volmar bevollmächtigt, so bald er sich mit den Kurfürsten von Mainz und Köln geeinigt, den übrigen Mitgliedern von dem Resultate seiner Verhandlungen Mittheilung zu machen und ihnen zu gleicher Zeit die Versicherung zu geben, dass der Kaiser fest entschlossen sei, den Verbündeten, wenn die Noth es erheische, zu Hilfe zu eilen. Was der Wiener Hof in diesem Momente bezweckte, war die Aufnahme des Kaisers und Baierns in den Bund, womit selbstverständlicher Weise der Uebergang der Leitung an das Oberhaupt des Reiches verbunden gewesen wäre. Gerade das aber war es, was alle Mitglieder der Allianz, so verschieden sie auch sonst über Zweck und Werth der Einigung denken mochten, zu vermeiden wünschten. „Wenn Cäsar zu den Vereinigten treten will, wird ihm ratione directorii nichts mehrers, als was E. D. und Andern ex pacto foedere zukömmt, können gemacht werden: Sapienti sat!" schrieb Boineburg dem Pfalzgrafen[4] und so wenig im allgemeinen die Fürstenberg's und Boineburg in ihren Ansichten übereinstimmten, darin waren

---

[1] Weisung für Volmar vom 28. März 1656, citirt in der Denkschrift.
[2] Joachim, l. c. 106 ff.
[3] Joachim, l. c. 106.
[4] Schreiben Boineburg's an den Pfalzgrafen vom 2 April 1656. Joachim, l. c. 109 Anm.

sie einer Meinung, dass der Eintritt des Kaisers in den Bund einen wesentlichen Verlust an Ansehen für ihre Herren im Gefolge haben würde. Kein Wunder daher, dass Volmar, als er, der kaiserlichen Weisung entsprechend, mit den Vertretern Baierns und Mainz' zu verhandeln begann, zu keinem Ergebnisse gelangte. Oechsle, der Vertreter Ferdinand Marias weigerte sich auf das Entschiedenste, die Initiative in dieser Sache zu ergreifen,[1] und Vorburg, der für Johann Philipp die Verhandlungen führte, entschuldigte sich, als Volmar mit seinen Erklärungen hervortrat, mit mangelnder Instruction.[2] Und als Volmar bald darauf den in die geheimsten Pläne des Mainzer Kurfürsten eingeweihten Boineburg um eine Antwort anging, erhielt er die wenig mehr besagende Erklärung: der Kurfürst, sein Herr, habe seine Mitverbündeten von dem Inhalte des kaiserlichen Schreibens vom 28. März 1656 in Kenntniss gesetzt und werde nicht versäumen, Volmar, sobald er Antwort erhalte, von derselben zu verständigen.[3] Volmar wartete vergebens auf diese Mittheilung. Dagegen erfuhr er von dem Vertreter des Kurfürsten von Trier, dem Oesterreich freundlich gesinnten Anethan, von den in Köln getroffenen Vereinbarungen der Alliirten, insbesondere von des Mainzers Bemühungen um die Einladung nicht allein der Braunschweigischen und Hessen-Cassel'schen Fürstenhäuser, sondern auch Schwedens und Brandenburgs. Zu gleicher Zeit erklärte Anethan auch, wie wenig sein Herr und der Kurfürst von Köln gewillt seien, diese Forderungen des Mainzers zu erfüllen. Dass Volmar ihn oder die Vertreter Maximilian Heinrichs in dieser Abneigung gegen die Aufnahme der beiden protestantischen Fürsten bestärkt hätte, ist nicht zu ersehen, und wie vorsichtig der Wiener Hof mit Johann Philipp umgehen zu müssen glaubte, zeigt der Befehl, den Volmar, auf diese Mittheilungen hin, aus Wien erhielt.[4] Denn durch denselben wurde der kaiserliche Gesandte beauftragt dem in Frankfurt anwesenden Vertreter Johann

---

[1] Für Oechsle's Vorgehen im Allgemeinen vergleiche Joachim, l. c. 108 ff., für das hier Mitgetheilte das Schreiben Volmar's vom 10. April, citirt in der Denkschrift.

[2] Schreiben Volmar's vom 15. April 1656, citirt in der Denkschrift.

[3] Denkschrift.

[4] Weisung vom 19. Juni 1656, citirt in der Denkschrift.

Philipps zu erklären ‚dass der Kaiser aus dem, was Mainz in guter Meinung zu Handhabung des Friedens fürtrüglich erachtet und an die Hand gegeben, ganz und gar kein Misstrauen schöpfe, sondern es anders nicht als zu des Vaterlandes Wohlstand gemeint zu sein aufnehmen thete, ihrerseits aber nur diese Vorsorge dabei gehabt und noch habe, dass hierdurch zwischen beiden Religionsverwandten Ständen schwerlich ein mehr Confidenz und Glimpf würde erhalten werden, daher der Kaiser lieber gehabt, wenn man sich über die Art und Weise in Frankfurt mit den bereits alliirten Fürsten geeinigt hätte'. Als diese Weisung in die Hände des kaiserlichen Gesandten gelangte — Ende Juni 1656 — war der Kurfürst gerade auf der Rückreise von Würzburg nach Mainz begriffen, und Volmar glaubte daher im Sinne und im Interesse des Kaisers zu handeln, wenn er diese Gelegenheit benützte, um mit Johann Philipp nochmals persönlich über die Allianzangelegenheit zu berathen.

Das Gespräch, das zu Langen stattfand, wurde von Volmar nicht ungeschickt eröffnet. Er theilte dem Kurfürsten die in jüngster Zeit aus den Niederlanden, Polen und Italien eingetroffenen günstigen Nachrichten mit. Johann Philipp ging auf das Gespräch ein, zeigte seine Freude über diese Erfolge und meinte, es wäre jetzt für den Kaiser der Augenblick gekommen, die Ausführung der gefährlichen Pläne Karl Gustavs zu verhindern. Nicht durch Krieg, fügte er gleich hinzu, denn der Friede muss erhalten werden, aber er denke, es liessen sich andere Wege finden. Es blieb Volmar nicht verborgen, dass der Kurfürst an eine Interposition denke, nur wusste er nicht, welches Motiv denselben für diese Vermittlung so günstig stimmte. Er erwiderte also, der Kaiser habe stets das Streben gezeigt, den Frieden zu erhalten; zu diesem Zwecke habe er ja seine Mediation dem Schwedenkönige angeboten; hätte sie dieser angenommen, so würde der Krieg leicht verhindert worden sein; nun stünde aber die Sache anders und es ergebe sich die Frage, ob der Kaiser verpflichtet sei, wenn Karl Gustav und Friedrich Wilhelm für ihre im Reiche gelegenen Länder Hilfe von ihm fordern sollten, diese zu leisten. Johann Philipp verneinte dies. Weder dem Kaiser noch einem anderen Reichsstande könne zugemuthet werden, Jemandem Hilfe zu leisten, der unnöthige und unbillige Kriege beginne. Diese Bemerkung gab dem kaiserlichen Gesandten den erwünschten Anlass, von der geplanten Einigung zu sprechen. Der Kaiser finde es durchaus unthunlich, dass man sich in der Einladung der Braunschweigischen und Hessen-Cassel'schen Fürstenhäuser so weit herausgelassen, dass ex consequenti auch Schweden und Andere mehr damit eingezogen werden müssten; er schlage vielmehr vor, sich im Geheimen über die Form zu einigen, wie diese Einladung zu erfolgen habe. Johann Philipp verwahrte sich in seiner Antwort vorerst gegen den Vorwurf, als hätte er durch die Einbeziehung Schwedens die Verbündeten in auswärtige Kriege zu verwickeln vorgehabt, erklärte aber zu gleicher Zeit seine Bereitwilligkeit, mit Rücksicht auf die Abneigung der beiden Kurfürsten von Köln und Trier gegen das von ihm vorgeschlagene Einladungschreiben, von der Absendung desselben abzustehen.[1] Von weiteren Verhandlungen mit dem Kaiserhofe ist in der Antwort des Mainzers nichts zu finden, und als Volmar in Frankfurt immer wieder die Räthe des Kurfürsten von Mainz anging und um Aufnahme der Verhandlungen ersuchte, da erhielt er nach langem Warten zu Beginn des Monates August 1656 von Boineburg eine Antwort, welche jede weiteren Verhandlungen fürs Erste unmöglich machte. Denn der Rath Johann Philipps erklärte, sein Herr wäre sehr gerne zu neuen Berathungen bereit gewesen und habe diese nur so lange hinausschieben wollen, bis Oechsle, der Vertreter Baierns die nöthigen Vollmachten erhalten. Nun aber habe dieser auf seiner Rückreise von München nach Frankfurt an den Kurfürsten von Mainz ein Schreiben gerichtet des Inhalts, sein Herr finde es nicht für zweckmässig, sich in diese Conjunction einzulassen; unter solchen Umständen halte es auch der Mainzer nicht für angezeigt, weiter über diese Frage zu berathen.[2] Es kann kein Zweifel darüber bestehen, dass in dem Momente, als Johann Philipp in so unzweideutiger Weise seine Abneigung gegen weitere Verhand-

---

[1] Alles nach dem Berichte Volmar's vom 9. Juli 1656. W. A. (Reichstagsacten). Die Unterredung zwischen Volmar und Johann Philipp fand zu Langen statt. Vgl. auch Joachim, l. c. 117 f.

[2] Bericht Volmar's vom 5. August 1656, citirt in der Denkschrift. Vgl. über Oechsle's Verhalten auch Joachim, l. c. 117.

lungen mit dem Kaiserhofe zu erkennen gab, bei ihm der Entschluss gereift war, der Allianz, deren Leitung er zu haben wünschte, eine gegen den Kaiser gerichtete Spitze zu geben. Das Vorgehen des bairischen Vertreters gab ihm den erwünschten Vorwand, den Rückzug in einer möglichst wenig verletzenden Weise anzutreten. Von Wiederaufnahme der Verhandlungen ist denn auch bei den späteren Unterredungen Volmar's mit dem Kurfürsten nicht mehr die Rede gewesen. Johann Philipp betonte nur immer wieder, ‚dass man bei diesem Defensionswerke durchaus nichts zu thun vor habe, was die Interessen des Kaisers kreuzen könnte, vielmehr gewillt sei, jede dem Reichsoberhaupte schuldige Rücksicht zu beobachten'.[1]

Zur selben Zeit aber, da der Kurfürst diese so beruhigenden Erklärungen gab, waren dem Wiener Hofe Nachrichten zugegangen, welche über die wahren Absichten der Verbündeten keinen Zweifel übrig liessen.

Im December 1656 waren — wie erwähnt — zu Coblenz die Vertreter der alliirten Fürsten zusammengetreten, um über den weiteren Ausbau des Bundes, über die Aufnahme neuer Mitglieder und über die zur Wahrung der gemeinsamen Rechte nothwendigen Massregeln zu berathen. Hier nun war es, wo der Herzog von Neuburg, nachdem seine Bemühungen, in Wien Unterstützung seiner gegen den Kurfürsten von Brandenburg gerichteten Pläne zu finden, gänzlich gescheitert waren,[2] den Antrag auf ein von Reichswegen zu erlassendes Verbot der Unterhaltung von fremden Truppen auf dem Reichsboden und auf gemeinsamen Schutz jedes durch solche Truppen angegriffenen Reichsstandes stellte, ein Vorschlag, der von den Verbündeten gebilligt und an die Reichsdeputation gebracht wurde.[3] Und zu gleicher Zeit mit der Kunde dieser, wenn auch in erster Linie gegen Schweden gerichteten, so doch die Interessen des Habsburgischen Hauses wenig berücksichtigenden Massregeln langte in Wien die Nachricht von dem Begehren der Braunschweigischen und Hessen-Cassel'schen Fürsten ein, das die Aufnahme Schwedens und Brandenburgs in die Allianz und damit die

---

[1] Bericht Volmar's vom 1. Januar 1657, citirt in der Denkschrift.
[2] Vgl. für diese Verhandlungen Krebs, l. c. 77 ff.
[3] Vgl. Joachim, l. c. 84 f.

Stellungnahme für diese Mächte gegen Polen in dem grossen Kampfe bezweckte, der den Nordosten Europas durchtobte.[1] Um die Bestürzung, welche diese Nachrichten am Wiener Hofe hervorriefen, zu begreifen, genügt es, in Erwägung zu ziehen, dass gerade in diesen Tagen in Wien das erste — allerdings noch sehr allgemein gehaltene — Bündniss mit dem Polenkönig geschlossen[2] und damit nach langem Schwanken eine Richtung eingeschlagen wurde, die über kurz oder lang zu einem entscheidenden Kampfe zwischen Karl Gustav und dem Kaiser führen musste. Welche Gefahren nun dem Kaiserhofe drohten, wenn die Alliirten die Aufnahme Schwedens und Brandenburgs ohne die genügenden Beschränkungen gestatteten, darüber gab man sich in Wien keiner Täuschung hin. Die Allianz, bislang den Interessen des Kaisers nicht schädlich, musste mit diesem Schritte ein bedeutendes Hinderniss für alle Pläne der Wiener Regierung werden. Und ganz von diesem Gedanken erfüllt ist die Instruction, welche der Kaiser nach den Beschlüssen der Conferenz seinen Gesandten am 17. Januar 1657 übersendete.[3] ‚Meines orths‘, schreibt er, ‚kann ich die Beschlüsse der Alliirten anderer gestalt nit alß höchst gefehrlich und für eine solche occasion ermessen, welche denen protestirenden die erwünschte anlaß gibt, die Ihrerseits intendirte universal armatur durchzutrücken.‘ Und klar und deutlich waren die Gefahren geschildert, welche dem Kaiserhofe nicht allein, sondern allen katholischen Fürsten aus der Durchführung dieser Rüstung zu erwarten stünden. Wenn das Verfassungswerk, so schrieb der Kaiser, in den Reichskreisen durchgehends zu Stande gebracht werden sollte, besteht die Gefahr, dass die Protestirenden den Katholischen für alle Zeit an Kraft überlegen sein werden; auch wird dadurch dem Schweden die Möglichkeit geboten, offen Werbe- und Sammelplätze zu errichten. Und zu den Vorsichtsmassregeln übergehend, welche zur Verhütung der aus den polnisch-schwedischen Verwicklungen drohenden Gefahren in Vorschlag gekommen waren, sollte Volmar dem Kurfürsten

---

[1] Volmar's Bericht vom 1. Januar 1657. Für die Verhandlungen Braunschweigs in dieser Zeit vgl. Joachim, l. c. 182 ff.

[2] Vgl. für die Stellung des Wiener Hofes in diesem Momente: Pribram, Die Berichte des kaiserlichen Gesandten F. de Lisola ‚Einleitung‘ p. 32 f.

[3] Weisung an Volmar vom 17. Januar 1657. W. A. (Reichstagsacten).

von Mainz vorhalten, es komme dem Kaiser sonderbar vor, dass sich auch die katholischen Fürsten, trotz all' der aufrichtigen, guten Erklärungen des Polenkönigs, zu einer eventuellen Hilfeleistung an Schweden und Brandenburg gegen Polen bereit erklären wollten, während doch zu ersehen sei, dass dieser Vorschlag von Seite der Protestanten weniger gemacht werde, um den Frieden zu erhalten, als um die Macht der Schweden zu stärken und ihnen den Eintritt in das Reich allezeit offenzuhalten, wogegen den Polen die Vertheidigung innerhalb der Reichsgrenzen unmöglich gemacht werden solle. Aus all' diesen Gründen halte es der Kaiser für zweckmässig, dass die Alliirten in der Rüstungsfrage möglichst lange mit einer affirmativen Erklärung zurückhalten, umsomehr, als die Krone Polen die Rüstungen als gegen sich gerichtet ansehen und zur Abwehr der drohenden Gefahr Massregeln ergreifen könnte, die dem Frieden des deutschen Reiches nichts weniger als zuträglich sein würden'. Wie wenig man übrigens am Wiener Hofe an die Verzögerung der Aufnahme Schwedens in den Bund dachte, beweist der Umstand, dass man es für nothwendig hielt, Volmar dahin zu instruiren, falls Johann Philipp, wie zu besorgen stünde, sich bereits zur Aufnahme Schwedens verpflichtet, seine ganze Beredtsamkeit dafür aufzubieten, dass in diese Einigung als eine conditio sine qua non die Bedingung aufgenommen werde, ‚dass Schweden niemand, wer der auch sei, aus ihren im Reiche habenden Ländern direct noch indirect beleidigen, infestiren oder bekriegen wolle. Als Volmar die Weisung des Kaisers erhielt, hatte sich die Lage der Dinge so sehr geändert, war die dem Kaiserhofe abgeneigte Stimmung des Mainzer Kurfürsten so deutlich zu Tage getreten, dass der kaiserliche Gesandte es für zweckmässig hielt, von der Weisung vorerst keinen Gebrauch zu machen. Denn Boineburg, Johann Philipps vertrautester Rath, der unermüdlich im Dienste der Allianz thätig war und jetzt entschieden für den Abschluss mit den protestantischen Mächten eintrat, hatte inzwischen seine Reise an die Höfe der verbündeten Fürsten angetreten, um diese zur schleunigen Abmachung auf den von Mainz in Vorschlag gebrachten Wegen zu vermögen,[1]

---

[1] Für Boineburg's Thätigkeit in dieser Zeit vgl. Joachim, l. c. 187 ff.

und Johann Philipp hatte dem Münster'schen Gesandten Wiedenbruch, wie dieser selbst Volmar erzählte, als seinen unabänderlichen Entschluss den Abschluss einer Particularallianz mit Schweden und Brandenburg bezeichnet, falls die Mitverbündeten die Aufnahme derselben unter den von ihm vorgeschlagenen Bedingungen verweigern sollten.[1] Und bei dieser Ansicht beharrte Johann Philipp auch; nur veranlassten ihn die von den übrigen Verbündeten erhobenen Bedenken, in die für die Vertreter Braunschweigs und Hessen-Cassel bestimmte Erklärung ausdrücklich die Clausel einzufügen, dass man Karl Gustav nur als Herzog von Bremen und Verden, Friedrich Wilhelm nur für seine clevischen Länder in die Allianz aufnehmen und sich in die im Nordosten Europas wüthenden Kämpfe nicht mischen wolle. Das war aber das einzige Zugeständniss, das der Mainzer seinen Mitverbündeten machte und das Boineburg dem kaiserlichen Gesandten vorhielt, als dieser, nachdem Boineburg nach Frankfurt zurückgekehrt war, sich in vorwurfsvollem Tone über die wenig reichspatriotischen Handlungen Johann Philipps beschwerte.[2]

Das zurückhaltende Benehmen Volmar's entsprach den Wünschen des Wiener Hofes nicht. Man beschloss daher eine besondere Gesandtschaft, für welche Graf Notthafft ausersehen wurde, zu Johann Philipp zu senden, um diesen wenn möglich noch in letzter Stunde von der Aufnahme der protestantischen, kaiserfeindlichen Mächte abzuhalten. Dass Notthafft Befehl hatte, dem Kurfürsten vorzuhalten, Karl Gustav werde, einmal Mitglied des Bundes, die Führung desselben dem Mainzer zu entreissen suchen, war gewiss ein wohlberechnetes Mittel, von dem man sich unter anderen Verhältnissen eine bedeutende Wirkung hätte versprechen dürfen.[3] Und zu gleicher Zeit mit Notthafft sollte sich der Reichshofrath Krane an die Höfe der übrigen Mitverbündeten begeben, um auch ihnen in dringendster Weise von einer Einigung mit Schweden und Brandenburg abzurathen.[4] Allein bevor noch die kaiserlichen Räthe Gelegenheit

---
[1] Bericht Volmar's vom 30. Januar 1657, citirt in der Denkschrift.
[2] Bericht Volmar's vom 22. Februar 1657, citirt in der Denkschrift.
[3] Instruction für Notthafft vom 16. Februar 1657. W. A. (Reichstagsacten). Vgl. auch Joachim, l. c. 199.
[4] Vgl. Joachim, l. c. 199.

hatten, ihre Aufträge auszurichten, war in Wien die Nachricht
eingelangt, dass die Alliirten, vornehmlich auf Drängen des
Mainzers in die Aufnahme von Brandenburg und Schweden,
allerdings in der bereits erwähnten beschränkenden Weise, ge-
willigt, und dass die Braunschweigischen und Hessen-Cassel-
schen Vertreter die Erklärungen der Alliirten ad referendum
genommen. Die Missionen Notthafft's und Krane's waren unter
diesen Umständen überflüssig. Man glaubte in Wien genug
gethan zu haben, wenn man Volmar anwies, im Sinne der
Instruction vom 17. Januar 1657 die Interessen des Kaisers
bei den Verhandlungen mit Kurmainz zu wahren.[1] Kaum war
Volmar diesem Befehle gehorchend, in Würzburg eingetroffen,
wo er den Kurfürsten zu finden hoffen durfte, so langte die
Trauerpost von dem Tode Kaiser Ferdinand III. daselbst ein.
Die Bedeutung dieses Ereignisses für den Fortgang der Verhandlungen der Wiener Regierung in der Allianzangelegenheit
liegt auf der Hand. Die Wahlfrage wurde mit dem Tode des
Kaisers eine acute, und wenn dieselbe schon zu Lebzeiten
Ferdinand III. massgebend auf die Haltung eingewirkt hat,
welche der Wiener Hof in der Allianzangelegenheit einnahm,
so musste jetzt, wo das Oberhaupt des Reiches gestorben war
und der Versuch, dem jungen Ungarn- und Böhmenkönige die
Kaiserkrone zu erwerben — wie man in Wien wohl wusste —
den grössten Schwierigkeiten begegnen musste, zu deren Ueber-
windung es ungeheurer Opfer bedürfen werde, die Allianzangelegenheit umsomehr hinter der Wahlfrage zurücktreten.
Vergessen aber hat die Wiener Regierung das, was geschehen
war und was die Verbündeten noch zu thun vor hatten, keineswegs. Die Vertreter Leopolds, die seine Wahl zu fördern nach
Frankfurt gesendet wurden, und der König selbst haben nicht
verfehlt, sich möglichst gute Nachrichten über den Fortgang der
Allianzverhandlungen zu verschaffen und soweit es thunlich war,
auch ihrerseits zur Verzögerung des Abschlusses beigetragen.
Allerdings so lange die Wahlfrage nicht entschieden war, wurde
in den Verhandlungen von Seite der kaiserlichen Minister der
Allianzfrage nicht Erwähnung gethan. Als aber die Entscheidung in dieser Frage gefallen, die Wahl Leopolds gesichert

---

[1] Weisung vom 21. März 1657. W. A. (Reichstagsacten).

war, da hat sich die Wiener Regierung zur selben Zeit, als sie den heftigen, wenig glücklichen Kampf um die Wahlcapitulation führte, auch bemüht, die Bedeutung der Allianz, deren Abschluss zu verhindern ausser ihrer Macht lag, wenigstens durch das Fernbleiben einiger bedeutender Fürsten zu mindern. Es gelang denn auch in der That, zwei jener Fürsten, welche den Kern der Verbindung gebildet hatten, den Kurfürsten von Trier und den Bischof von Münster — einst der eifrigste Förderer der Allianz — den Verbündeten abspenstig zu machen und einen der bedeutendsten protestantischen Fürsten, auf dessen Eintritt der protestantische Theil der Alliirten lange gerechnet hatte — den Kurfürsten von Brandenburg — von diesem Schritte abzuhalten.

Die Mittel und Wege, auf denen dies Ziel erreicht wurde, hier zu schildern, würde zu weit führen. Denn Wahl- und Allianzfrage greifen so sehr in einander, und die letztere ist von der ersteren so abhängig, dass es einer eingehenden Erörterung der Wahlfrage bedürfte, um das Ergebniss in der Allianzangelegenheit verständlich zu machen. Nur so viel dürfte bemerkt werden können, dass dem Kurfürsten von Brandenburg nach dem Abschlusse der Allianz mit Leopold vom 15. Februar 1658, der Eintritt in den Bund unmöglich geworden war, ganz abgesehen davon, dass seine immer mehr gegen Schweden gerichteten Offensivpläne eine Einigung mit dieser Macht im eigenen Interesse nicht wünschenswerth erscheinen lassen konnten.[1] Und Abneigung gegen den Schweden, allerdings zugleich Furcht von der Gewaltthätigkeit der Franzosen bewogen auch den Bischof von Münster, die Verbindung mit dem Reichsoberhaupte der mit den Alliirten, zu denen auch die grössten Reichsfeinde treten sollten, vorzuziehen. Den Kurfürsten von Trier aber, der von allem Anfang an nur widerwillig und zögernd seine Zustimmung zu den Verhandlungen mit den auswärtigen Mächten gegeben, gewann der Kaiser durch

---

[1] Die im Laufe des Jahres 1658 nach Berlin gesendeten Vertreter des Kaisers, der Freiherr von Fernemont und der Reichshofrath Schütz, haben wiederholt mit Friedrich Wilhelm über die Allianzangelegenheit conferirt, der ihnen von den ihm zugekommenen Mittheilungen Kunde und stets seinen festen Entschluss zu erkennen gab, dem Bündnisse fern zu bleiben.

eine Reihe die besonderen Interessen Karl Caspars fördernder Zugeständnisse, welche in dem Vertrage vom 22. Juni 1658 ihren Ausdruck fanden, durch den der Trierer sich auch in der Wahlfrage für ein entschiedenes Eintreten im Sinne des Habsburgischen Hauses erklärte.[1] Dass demungeachtet Leopold über das Zustandekommen des Bundes überaus betrübt war, ist begreiflich. Denn abgesehen davon, dass es für ihn ein niederdrückendes Gefühl sein musste, sich von einem Bunde ausgeschlossen zu sehen, der zum grössten Theile aus Gliedern des Reiches bestand, dessen Haupt er war, während seine grössten Widersacher Aufnahme in denselben gefunden hatten, bedeutete der Rheinbund für ihn nicht blos einen grossen Abbruch in seiner Würde als Kaiser, sondern lähmte ihn auch in überaus empfindlicher Weise bei all' seinen Unternehmungen, nicht nur bei jenen gegen Frankreich und Schweden, sondern auch gegen alle übrigen Feinde des österreichischen Staates. Aber mit einem Gedanken konnte sich Leopold trösten: war es ihm gelungen, unter so überaus schwierigen Verhältnissen seine Wahl zum Kaiser durchzusetzen, so durfte er sich der berechtigten Hoffnung hingeben, dass es ihm auch gelingen werde, sich der lästigen Fesseln zu entledigen, welche man ihm angelegt und durch die man ihn an der freien Entfaltung seiner Kräfte zu hindern dachte. Mit dem festen Entschlusse, seinerseits alles Mögliche zur Erfüllung dieses Wunsches beizutragen, hat Leopold die Wahlstätte verlassen.

[1] Vertrag zwischen Trier und dem Kaiser vom 22. Juni 1658. St. A. (Wahlacten).

Berichtigung.

Statt ‚Prinz' ist p. 135 u. a. O. zu lesen: ‚Landgraf von Hessen-Homburg'.

Anhang.

I.
Recess in puncto defensionis de dato Cölln
den 31. Martii 1656. (Copie.)

Zu wißen seie hiemit: Als zu folg deß im Jahr 1651 zu Franckfurt aufgerichteten Chur Rheinischen Craißschlußes und nachgehents alhie den 15. Decembris 1654, so dan deß am 11. Augusti negstverwichenen Jahrs zu bemelten Franckfurt gemachten Abschiedts sich ettliche benachbarte Chur- und Fürsten zu erhaltung gemeiner ruhe und wollstandts, auch abwendung unbillichen gewaldts und Kriegsbeschwernußen beschriebener maßen verbindtlich gemacht, solches alles aber desto bestendiger einzurichten nötig befunden ein Oberhaubt zu solcher verfaßung anzuordnen, daß demnach zu dem endt und bey gegenwertigem zustandt sonsten über deß gemeinen weesens best zu deliberiren allerseits Bevolmechtigte Deputirte anhero zusammen geschickt und sich nach vorgangene verschiedenen consultationibus nachfolgender maßen verglichen und zwarn:

Anfangs sovill das Oberhaubt anbelangt, ist der Wollgebohrner Herr Johan Freyherr von Reuschenberg Röm. Kay. May. General Velt Marschalck darzu vorhin eventualiter bewilligter maßen dergestalt auf- und angenohmmen, daß S. Excell. ietzo alßbald in nahmen der sambtlicher alliirter Chur- und Fürsten zu handen S. C. D. zu Cöllen gemeine pflicht leisten und biß es zu würcklicher operation und dem Veltzug komme in Fürst: Pfaltz-Newb: diensten zwarn verbleiben, bey dem Veltzug aber und würcklicher operation, wie vorgemelt, solcher particularpflichten eo ipso erlaßen sein, auch eines und andernfalß zu genießen haben solle, wie die mit Ihrer Excellenz aufgerichtete bestallung mehreren inhalts nach sich führet. Darauf dan auch dieselbe ein umbstendtliches memoriale zu der vereinigter Chur- und Fürsten nachricht zu verfertigen übernohmmen, was ettwa ietz gestalten sachen nach deß gemeinen wesens notturft und bestes erfordern möchte.

Nachdem auch zum 2^n ermelter II^r· Velt Marschalcken Excellenz einige unentberliche Stabspersonen zugeordnet, soll es mit deren underhalt und tractament auf beede anwartungs- und operationsfälle vermög beyligender listae[1] gehalten werden. Was dan zum dritten der General Wachtmeistercharge, auch andere Obristen und Officier anbelangt, weil ein ieder von den uniirten Chur- und Fürsten mit darzu tauglichen subiectis albereit versehen, so stehet einem iedweden frey, sich deren über die seinige, Jedoch auf seine Kosten zu gebrauchen; solte aber die notturfft erforderen, daß die Völcker in ein corpus zusamen zu führen, soll es dem Franckfurterischen Vergleich und Kriegsgebrauch gemees gehalten werden, daß nemblich der altister, ohne underschied in weßen diensten Er vorhero gewesen, das commando vor den anderen zu führen.

Obwoll auch zum vierten von theils alliirter Chur- und Fürsten wegen dafür gehalten, daß man ietzogleich in mehrere verfassung sich zu stellen und eine versterckung der albereit geworbener Völcker wenigst zu fueß, indeme man mit der Reuterey beßer aufkommen künte, vorzunehmen hette; weil dannoch auß angeführten verschiedenen erheblichen Motiven, daßelb biß zu anscheinender größerer gefahr und herfürbrechendem öffentlichen Krieg (so der Allmechtig Gott lang gnediglich abwenden wolle) noch nit so nötig befunden und dan vorhin schon zu Franckfurt verglichen, wie ein ieder· sich mit der versprochener Mannschafft nit allein sicherlich gefast zu halten, sondern auch solche anstalt zu machen, daß Er mit einer mehrern oder gar dem duplo unlengst auf und den nothleidenden zu hülff kommen könne; So hat man es dabey für dißmahlen dergestalt gelaßen, daß ein ieder sich solchem schluß zu bequemen und verglichener maßen gefast zu halten schuldig sein solle.

---

[1] Lista der General-Stabs-Personen und deren monatlichen gehalts:

	Außer der operation:	Bei der operation:
	Rth.	Rth.
Der H. Veltmarschalck . .	200	—
General Quartiermeister . . .	20	50
Der Cassier oder Commissarius .	20	50
Der Generaladjutant	20	50

Weilen auch zum fünfften in vorschlag kommen, wie hochnothwendig seie, eine gemeine cassam aufzurichten, darauß die vorfallende nothwendigkeiten könten abgetragen werden und man sonsten einen angriff haben könne, So ist per maiora dahin beliebet und verglichen, daß zu dem end ein ieder Chur- und Fürst, Jedoch eines und anderen in der Reichsmatricul habendem alten anschlag oder hernach erlangten moderation bey denen in anderen Reichs- und Craißanlagen unabbrüchig Monatlich hundert Reichstahler vorschußweise von quartalen zu quartalen beytragen und damit ietzo gleich ein anfang gemacht werden; auch die übrige Stendt, so in diese alliance schon getretten und noch künfftig sich darin begeben werden, das Ihrige contribuiren und die Legstatt die Statt Cöllen sein solle, umb darauß die gemeine, nothwendige außgaben, wie obgemelt, zu nehmen, welche dan zu gehöriger zeit und so offt es wird erfordert werden, den gesambten alliirten Chur- und Fürsten sollen bereichert werden. Weme aber die cassa anzuvertrauen, ist verglichen, daß Johan Grevenbroech darzu anzuordnen und derselb in gesambte pflicht zu nehmen.

Zum Sechsten ist auch vorkommen, ob nit wegen der uniirter Chur- und Fürsten iemand alhie zu hinderlaßen, so die ankommende den Stifft Thorn betreffende Schreiben eröffne und darab seinen gnedigsten Herrn Principalen underthenigst berichte; und weil dan beede Ihre Chur- und Fürstl. D. D. zu Cöllen und Pfaltz-Neuburg in der nähe geseßen und die Ihrige darzu bald abordnen können, So haben die übrige Chur- und Fürstl. Abgesandte ein ieder wegen seines Herrn auch darzu einen alhie zu bevolmechtigen sich erbotten.

Und nachdem zum letzten bey der ersten verfaßung articulo 7mo versehen, daß der ienige Chur- oder Fürst in deßen Landen die operation geschicht, das General Commando im Veldt und bei den actionibus militaribus haben solle, So ist dieses auß erheblichen ursachen und vornemblich, daß solchem Chur- oder Fürsten der sachen status und gelegenheit am besten bekandt und seine leuthe und Canzley an der hand hat, auch dahin extendirt, daß bey denen dieser vereinigung anstellenden zusammenkombsten und Rathschlägen demselben der vortrag, die direction und der schluß gebühren solle; Jedoch mit außtrüklicher reservation eines jeden sonsten im Reich competirenden rechtens und praerogativ.

Und ist zu deßen allen urkund dieser Abschied außgefertigt, von allerseits Bevolmechtigten underschrieben und versieglet, auch einem ieden darab ein exemplar zugestelt worden. So geschehen Cöllen den 31. Martie 1656.

II.
Recess vom 18. Januar 1657. Coblenz.
(Or. St.-A. Mainzer Abtheilung.)

Zu wißen. Als deß Chur- undt Nieder Rheinischen Westvälischen Craißes Vereinigte Chur- undt Fürsten bey sich noch immerforth herfürthuenden gefährlichen Coniuncturen undt ahnscheinenden sorgsamkeitten vor rathsam und nöthig befunden, die hiebevor in Anno 1654 den 15ten x^{bris} in der Statt Cöllen under sich verglichene undt aufgerichte defensivverbündtnus nach derselben außtrucklichen verahnlaßung vermittels mitteinnehmung, in dieselbe mehr ander Fürsten undt Ständten zu verstärcken undt sich zu solchem endt einer zusammenschickung Ihrer allerseits Räthen gegen den 12ten negst abgewiechenen monaths undt iahrs nacher Cobelentz under einander freundtlich vereinbahret und vergliechen, daß wir uns nach inhalt der, uns von unßeren gnädigsten Herrn Principalen hierüber ertheilter gnädigster Befelchen, alhier eingefunden undt der Conferentz würcklich einen ahnfang gemacht haben.

Dha dan erstlich vorgenohmen worden, weill man die sichere bestendige nachricht erhalten, daß die Herrn Staadten General der Vereinigten Niederländischen Provintzien zu mittbeytrettung gegen die in nahmen eines undt anderen der Vereinigter Chur- und Fürsten im Haag ahnweßende Rüthe sich ohnlengsthin willig, undt auß ihren mittelen zur handlung gewiße Commissarios zu Deputiren erklehrt; waß denen zu bevorstehender Alliantztractaten nacher dem Haag in gesambten der Vereinigter Chur- undt Fürsten nahmen abschickenden Deputirten vor eine Instruction zu ertheilen; waruff man sich nach reiffer der Sachen überlegung undt verscheidenen deshalben gepflogenen Conferentzien einer solcher praeliminar summari instruction (krafft deren iedes von den Vereinigten Herrn Chur- undt Fürsten Abgeordtnete sich ehistens undt zwahren lengst gegen den 4ten negstkhommenden monaths Februarii in dem Haag einzufinden und denen Handlungen würcklich einen ahnfang zumachen) verglichen; wie wenigers nicht ist die vollkommene außführliche allerseiths gnädigsten Herrn Principalen zu deren genehmhalt- undt verbeßerung zugeschickte instruction dergestalt verfaßet undt eingerichtet worden, wie beygefuegte beyde beylagen sub litt. A. undt B.[1] mitt mehrerm außweißen; weil aber hierbey des tractaments halber undt wie es die Herrn Staadten General in puncto sessionis et praecedentiae mitt ermelten der Vereinigter Chur- undt Fürsten dahin Abordtnenden Deputirten halten und solche vielleicht vor denenselben praetendiren möchten erwöhnung beschehen, so ist insgesambt vor rathsam ermeßen worden, derentwegen ahn die ahnietzo im Haag begrieffene Deputirte zu schreiben, damitt Sie die in dem sub Litt. C. beygelegtem schreiben darwieder ahngeführte rationes iedoch allein vor sich undt in ihrem privat nahmen discursweiß ermelten Herrn Staadten remonstriren undt zu gemüth führen wolten; was nhun darauf ahn allerseiths gnädigste Herrn Principalen von dem Freyherrn von Virmundt vor ein underthänigster bericht erstattet undt von demselben anhero communicirt worden, solches besagt die beylag. sub litt. D.

Nachdemahlen auch zweytens I. F. G. G. zu Braunschweig Lüneburg undt Heßen Caßell auf die von der Vereinigter Chur- und Fürstl. Gn. und Durchlauchten ahn dieselbe abgelaßene einladungsschreiben zu mittbeytrettung zu dießer Alliantz vermög dero sonderbahrer antworttschreiben de Datis den 28 8bris undt 2. 9bris iüngsthin sich nicht ungnaigt zu sein erklährt, undt deßhalben zur zusammenkunfft gewiße zeitt undt mahlstatt zu bestimmen begehret; So seind zwahr die Braunschweig Lüneburg undt Heßen Caßelsche bey deme zu Franckfurt vorschwebendem Deputationtag ahnietzo ahnweßende Gesandte, umb sich zu der Vereinigter Chur- undt Fürsten hier ahngestelter versamblung unverlengt zu erheben undt dieses vorhabendes mittverbindungswerck zur richtigkeitt zu bringen

---

[1] Vgl. Joachim, l. c. 130 Anm.

beruoffen undt eingeladen worden. Eß haben sich aber dieselbe darauf hinwieder dahin vernehmen laßen, weil Sie dißfals nicht instruirt, daß Sie darüber gleich so baldt underthänig berichten undt gemeßenen Befelchs dennegsten erwarten, auch darvon nach deßen einlangung anhero Communication zu thuen nicht underlaßen wolten.

Negst dießem haben drittens I. C. G. zu Trier, sowoll alß I. C. und Fürstl. D^{ton} zu Cöllen undt Newburg durch dero bey dießer versamblung geweßene Abgeordtnete Sich hochbeschwehrt vortragen laßen; waß maßen die Herrn Staadten General under vorgeschütztem praetext praetensae Bullae brabantinae undt darin ihrem vermeinen nach fundirten iuris evocandi sich understunden, deroselben underthanen vor Ihnen in forma Iudicii zu recht zu stehen, zu evociren, auch gar wieder dieselbe mitt verbottenen repressalien gewaldthätig zu verfahren, mitt ersuchen, der Vereinigter Chur- undt Fürsten Abgeordtnete wolten dießes alß in der nachfolg alle insgemein betreffende Sach in berathschlagung ziehen undt gesambter Handt ein solch Conclusum faßen, wardurch sothane unbillige undt nhur dritte unschuldige beschwehrende verfahrungen abgestelt werden mögten. Aldieweil man nhun darfür gehalten, daß dieße Sach mitt ermelten Herren Staadten bey abhandlung der Alliantz undt insonderheitt deß § die administrirung schleuniger unpartheischer iustitz beederseiths ahnverwandten undt underthanen betreffendt ahm fueglichsten undt besten erörtert undt hingelegt werden mögte, Alß ist auch dahin geschloßen worden, vor dißmahl in privato durch die im Haag ahnweßende Deputirte denen Herrn Staadten vermög der beylag lit. E. ein undt andere darbey vorkommende considerationes und motiven zu gemüth führen undt dardurch zu künfftiger handlung den weeg umb so viell beßer praepariren; die streittigkeitt selbsten aber undt andere dießerseiths darwieder habende dienliche remonstrationes biß zu ermelter handlung gentzlich außgestelt pleiben undt es ahnietzo nhur allein dahin pussiren zulaßen, damitt von seithen der Herrn Staadten under deßen zum wenigsten mitt alsolchem verfahren undt aller völcker rechten so woll, alß der natürlicher billigkeit selbsten zu wieder lauffenden repressalien möge ein- undt zurückgehalten werden.

Weilen auch wenigers nitt viertens wegen der von den Spanischen undt anderen Auxiliarvölckeren einem undt anderen von den Alliirten, insonderheitt dem Stifft Thoor abermahls ahnbetreweter überziehung undt winterquartirs beschwehrungen undt solche da kein anders güttliches mittell stattfinden wolte, best möglichst abzuwenden, erwehn- undt erinnerung beschehen, hatt man zwahr darauf in antecessum in nahmen der hier ahnweßender Chur- undt Fürstl. Abgeordtneter ahn I. K. M. umb dero Kay. authoritet hierin Allergnädigst zu interponiren abzulaßen in vorschlag gebrachte sowoll, alß die ahn den Königl. Spanischen Gubernator General Don Yuan di Austria undt Printzen von Conde, wie wenigers nicht ahn daß Collegium der Reichs Deputirten zu Franckfurt insgesambt vor gutt befundene Schreiben, wie sub lit F. G. H. undt I. zu sehen,[1] außfertigen undt daß ienige, so ahn Allerhochstgemelte I. K. M. in nahmen allerseiths gnädigster Herrn Principalen abgelaßen werden solle, nach beylag. litt K. abfaßen laßen, der hoffnung, die begehrte billigmeßige remediirung daruff erfolgen werde. Underdeßen hatt sich ein ieder seines orths mitt der vergliechenen Mannschafft undt sonsten aller notturft gefast zu halten, dieselbe zu deß Veldt Marschallen freyherrn von Reuschenberg alß vorgestelten Oberhaubts direction zuzuschicken undt waß verglichen zu des Vogchts zu Müllenheim Johan Grevenbroich händen unverzüglich zu liefferen; wie dan wenigers nicht die übrige Reichs Ständte undt Herrschafften, welche in die verfassung mitt eingenohmmen zu würcklicher beytragung ihres Contingents vor dießem zu Cöllen gutt befundener maßen zu erinneren undt solches gemeltem Grevenbroich zu seiner verrechnung gegen quittung ebenmeßig zu erlegen.

Auf eingelangten bericht fünfftens, daß des Nieder Sächßischen Craißes außschreibender Fürsten ahn die Reichs Deputirte zu Franckfurt wegen vermittelung des Polnischen undt Schwedischen vielleicht dem gantzen Reich gefährlichen Kriegs abgelaßone schreiben daselbst in berathschlagung genohmen werden solten, haben gesambte hier ahnweßende der Vereinigter Chur- undt Fürsten Abgeordtnete zu mehrer ver-

---

[1] Vgl. Joachim, l. c. 86 f.

sicherung deß Reichs insgemein undt insonderheitt eines ieden angebörigen landen undt underthanen in particulari erspries- undt vorträglich zu sein erachtet, wohlgemeltes Collegium Deputatorum durch schreiben dahin zu erinnern undt zu ersuchen,[1] daß bey deme durch Gottes gnadt zwischen beeden hohen theilen verhoffentlich erfolgenden frieden, dem Heyl. Reich, insonderheitt aber denen Vereinigten Chur- undt Fürsten, deren landen undt leuthen nichts ungüttlichs zugemuthet undt keine verdächtige Kriegsmacht auf des Reichs boden geführet, sondern alles in gutem ruhestandt erhalten werden möge, gestalt auß der beylag. Lit. L. mitt mehrerm zu ersehen. Deßen zu urkundt ist dießer recess von allerseiths alhier ahnweßender Chur- undt Fürstl. Abgeordtneten Räthen underschrieben undt versiegelt worden. So geschehen Coblentz ahm 18. Januarii Anno 1657.

Philip. Otto von Herzelles
Chur Maintz: abgeordnether.

Lotharius Freyherr von Metternich
Chur Trierischer abgeordtneter.

Godefridus Quentell
Chur Cölnischer Abgeordtneter

Matthiaß Korff
genandt Smisinkh.

Werner zue Mühlraden.

Johann Bertram Weschpfennig.
Fr. v. Scheidt.
Hein. Snell.

---

[1] Joachim, l. c. 85.